スクールリーダーにとって大切な10のこと

崖っぷち校長奮闘記

Mitsuhiro Furukawa
古川光弘

東洋館出版社

はじめに　―様々なご縁に心から感謝して―

令和元年度から令和4年度までの4年間、小学校校長を1年間、そして中学校校長を3年間務めさせていただきました。

小学校、中学校の両方の校長を務めさせていただいたことは、私にとっては貴重な体験で、お陰様で充実した4年間を送ることができました。

その間、本当に色々な事があったのですが、それについては本書に書きましたので、じっくりとお読みください。

さて、本書を読み進めていただく前に読者の皆様にお伝えしておきたいことがあります。それは、私のこの4年間は、実にすばらしいご縁に恵まれていたということです。そのことは感謝しても、し尽せないほど、私にとっては幸せなことでした。

まずは、ご一緒させていただいた二校の教職員。皆さん一人ひとり、教育に対して真摯に立ち向かうすばらしい方々でした。私の指揮に対しても誠実に対応してくれました。決して傲慢で斜に構えたような職員はいませんでした。みんな謙虚でした。そんな教職員の皆さんと4年間を過ごせたことは、私にとって何よりの財産となりました。

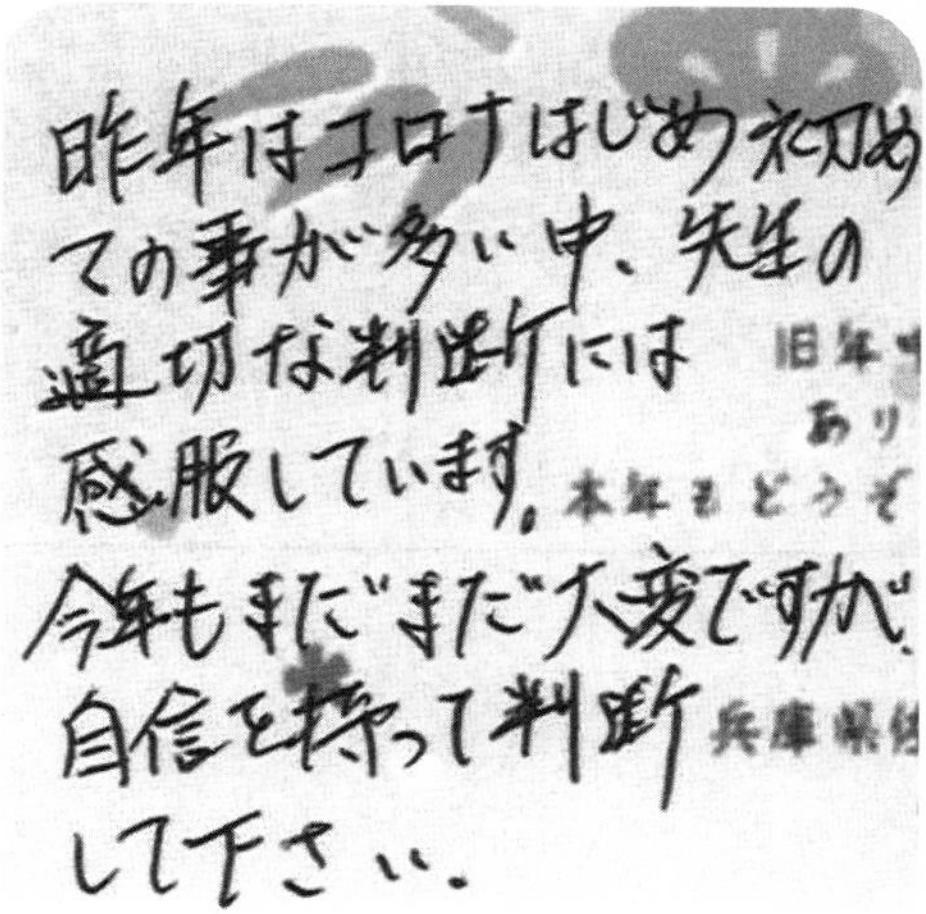
昨年はコロナはじめ初めての事が多い中、先生の
適切な判断には
感服しています。
今年もまだまだ大変ですが、
自信を持って判断
して下さい。

実は、私がいつも持ち歩いている大切な〃お守り〃があります。中学校長1年目に、ご一緒させていただいた元校長で再任用の方からいただいた年賀状です。写真の文面が添えられていました。

中学校1年目、コロナ禍で右往左往しており、やっていることが良いのや悪いのやら、まるで自信が持てなかったのですが、この年賀状を読んで、強烈に嬉しかったことを覚えています。

私のやっていたことは、間違いではなかったんだ！　と自信が持てました。大変勇気をいただいた年賀状でした。

以後、悩んだときや迷ったときは、この〃お守り〃を見るようにしていました。不思議と勇気が湧いてきたものです。

次に、私がこの4年間で、大変恵まれていると感じたことは、各校の校長と気持ちを通じ合わせ、いつも意思統一しながら行事を進めることができたことです。

特に中学校校長時代は各校の校長が、初めて中学校に勤めた私の気持ちを十分に理解して下さり、尊重して下さいました。だから激しいコロナ禍の中であっても、自信を持って色々な行事を実施することができたと思っています。

さらに、佐用町の教育委員会にも感謝の気持ちが絶えません。佐用町教育委員会は、いつも現場の気持ちを尊重して下さり、後ろ盾になってくださいます。こんな教育委員会だからこそ、現場は思い切った決断が取れるのです。佐用町教育委員会の下で働くことができてよかった！　と本当に思っています。

私生活においては、サークル「やまびこ」のメンバーには、いつも感謝しています。サークルのメンバーとは、30年以上の月日を共に学んできました。このメンバーと出会わなければ、教育の楽しさを実感することはなかったでしょう。ここ2年は、コロナ禍でなかなか定例会も開くことができなかったのですが、ようやく定例会が再開され、今も学ぶ楽しさを実感させてくれます。

そして家族。特に妻は結婚してから30年以上にわたり、プレッシャーに押しつぶされそうになる私を何度も支えてくれました。心から感謝しています。

本書を手に取って下さった皆様にもお礼を申し上げます。おびただしい数の教育書がある中で、本書をお選びいただき、本当に感謝致します。お読みいただいてのご意見、ご批判をいただければ、さらに嬉しく思います。

最後の最後になりました。本書は東洋館出版社の北山俊臣様のお計らいがなければ、こうした形で世に出ることはありませんでした。

教職37年目、まさに退職の年に、この本を出版する機会を与えていただきました。管理職としての私の実践を高く評価して下さり、出版を企画して下さった北山様に、ただただ感謝の気持ちで一杯です。心より御礼を申し上げます。

いろいろな方々のおかげで、本書を刊行することができました。本当にありがとうございました。

私は、本日、令和5年3月31日に、37年にわたる教職生活に終止符を打ちますが、これからも、自分なりに教育というものに向き合っていく努力を続けていきたいと意を新たにしております。

教職最後の日、様々なご縁に心から感謝して…

令和5年3月31日

古川　光弘

目次

奮闘記 1

覚悟を決める

ーそもそも、なぜ管理職にー

1 いつも楽しかった学級担任だったが…

管理職になる前、小学校の学級担任を28年間続けてきました。

もちろん、つらく逃げたくなるような年もありましたが、そんなこともすべて含めても、やはり学級担任は楽しかったです。

では、なぜ管理職を目指したのか？

いまだに、よくわからないですが、先に進まないと、見えるものも見えない！ 迷った場合は、後悔しない選択肢を選びたいという思いがありました。この立場、つまり管理職でしか見えない景色も見てみたかったという思いがありました。さらなる刺激がほしかったのは事実です。私の性分によるものです。とにかく色々なことに挑戦したいのです。何でもやってみたいのです。

学級担任時の28年間もそうでした。この28年間に次のような役割を担当させていただきました。

○1年生担任　3回　　○2年生担任　6回
○3年生担任　1回　　○4年生担任　2回
○5年生担任　5回　　○6年生担任　5回
○特別支援学級担任　2回　　○専科等の担任外　3回

○兵庫県教職員組合専従書記長　1回

すべての学年はもとより、様々な立場を経験させていただきました。高学年専属担当にもなりたくなかったし、低学年専属担当にもなりたくありませんでした。どこでも、何でもやれる力を持ちたい！　ということは、いつも考えていました。

とにかく、このような多様な立場の中で、様々なことに全力で挑戦してきた28年間でした。

この間、研究活動にも精一杯取り組み、次のような成果を残すことができました（令和5年3月31日現在）。

《著書》

○子どもの心をどうつかむか（1997年）

○1年生の授業・10分間パーツ教材で集中力を高める（2003年）

○6年生の学級経営・絶対成功する年間戦略（2006年）

○学級づくり成功の原則　魔法のアイデア50選（2013年）

（以上明治図書出版）

○『古川流』戦略的学級経営　学級ワンダーランド計画（2016年）

○クイズで実感！　学級づくり・授業づくり〝50の極意〟（2018年）

○忙しい先生方が無理なく取り組める授業のアイディア30（２０１８年）
○有田和正に学ぶ発問・授業づくり（２０２２年）
○有田和正に学ぶユーモアのある学級づくり（２０２２年）
（以上黎明書房）

《連載》
○特別支援教育に使える教育技術（12回連載）
【２００７年度　心を育てる学級経営（明治図書出版）】
○10分間パーツ教材の知恵（5回連載）
【２００７年7月号～11月号　教育新聞（教育新聞社）】
○国語科ピックアップ指導法（3回連載）
【２００８年1月号～3月号　授業づくりネットワーク（学事出版）】
○教材・授業開発研究所情報（21回連載）
【２００８年7月号～２０１０年3月号　授業研究21（明治図書出版）】
○学級見直し、立て直し（12回連載）
【２０１０年度　授業力&学級経営力（明治図書出版）】
○授業の技を問い直す（6回連載）

【2010年5月号〜10月号　教育新聞（教育新聞社）】
○古川流学級経営の神髄　教室ワンダーランド計画（12回連載）
【2013年度　教育新聞（教育新聞社）】
○古川流・学級経営「12の鉄則」（12回連載）
【2015年度　教育新聞（教育新聞社）】
○若手教師が伸びるための6か条（6回連載）
【2017年4月号〜9月号　フォレスタネット】
○伝説の教師・有田和正先生直伝！〝追究の鬼〟を育てる社会科授業づくり
【2021年度　社会科教育（明治図書出版）】

《サークル共著》
○　楽しい授業参観のアイデア36例（1992年）
○　自学力をつける面白宿題47例（1994年）
○　続・楽しい授業参観のアイデア26例（1995年）
○　はてな？　で始まる生活科クイズ（1995年）
○　自学力をつける面白宿題集・中学年（1998年）
○　子どもとの信頼関係づくり・低学年（2000年）

○　授業参観日・学級PTAで使えるネタ43（2000年）
○　教科で育てる基礎学力を見直す（2002年）
○　自己変革をめざす汗と涙の記録（2003年）
○　新教科書を補う社会科発展教材の学習　第3集（2003年）
○　確かな学力を育てる国語1年ワーク（2004年）
○　「ゆさぶり発問」の技（2009年）
○　授業参観&保護者会　成功の極意（2016年）
（以上、すべて明治図書出版）
［右記はすべて、私が所属している〝サークルやまびこ〟の共著］

以上の執筆を含め、これまでの教室実践の足跡は、500本に及ぶ雑誌論文や著書・共著などにまとめ発表してきました。セミナー・講座・校内研講師も300回近くを数え、現在も日本各地を訪れています。

このように懸命に突っ走ってきたこともあり、管理職試験を受ける前には、いささか燃え尽き症候群のような〝精神的な疲れ〟があったのも事実です。

教頭辞令を受け取った2014年4月の私のFacebookに次の記述があります。

今、学級担任を離れるにあたって、全く悔いはありません。むしろ、やり切った！　という清清しい気持ちです。

当時は学級担任としてやり切ったという充実感を抱いていたのかもしれません。とにかく新しいことに挑戦したかったというのが本音です。ただし、ここでの決断に対しては、もう後戻りできないという思いがありました。挑戦する限りは、絶対に合格して、校長職まで全うしなければならない！　もう絶対に学級担任には戻れないという「覚悟」が必要でした。私の大好きな故野村克也氏の言葉、「覚悟に勝る決断なし」です。

2　甘くなかった管理職試験

先に書いた実績を引っ提げての管理職試験、難なく突破するつもりでいました。これが甘かったのです。

私の管理職試験の足跡は次のようなものです。

○　教頭試験1回目　↓　兵庫県一次試験で不合格
○　教頭試験2回目　↓　名簿登載合格（補欠合格）

○ 教頭試験3回目 → 引き続き名簿登載合格（補欠合格）
○ 教頭試験4回目 → 合格
○ 校長試験1回目 → A市で不合格
○ 校長試験2回目 → A市で不合格
○ 校長試験3回目 → A市で不合格
○ 校長試験4回目 → 兵庫県二次試験で不合格
○ 校長試験5回目 → 合格

過去の実績など、全く参考になりませんでした。何百と書いてきた雑誌論文の書き方が、管理職試験の論文に役に立たないのです。面接も同じです。講座やセミナーで話すときとは訳が違いました。

国語教育のプロ中のプロ、あの野口芳宏氏でさえ、管理職試験には、かなりの年数を要し苦労されています。本気でやらないと合格しないと焦ったものでした。

3 良縁に恵まれた教頭時代

管理職をめざす決意をしてから4年、何とか教頭に昇進はしたものの、採用先は兵庫県赤穂市でした。近隣とはいえ、縁もゆかりもない所。つくづく私の人生は、試される人生だなと途方にくれました。

言うまでもありませんが、教頭の仕事はネットワークを生かして仕事が進んでいく世界です。赤穂市には子どもたちはもちろん、教職員、地域、教育委員会、誰一人親しい人はいませんでした。

とにかく4月が来るのが嫌で仕方ありませんでした。ただ、時間は否応なしに過ぎていきます。やはりここでも覚悟を決めました。「覚悟に勝る決断なし」です。

ところで本書は、校長実践記です。教頭時代の5年間のことは、紙幅の関係で細かく書けませんが、この5年間に触れずして、校長実践記を進められないので、少しお付き合いいただきます。

まずは赤穂時代3年間。今一言で振り返ると、結果的には〝最高に充実していた時間〟になったということです。そう感じることができた一番の要因は、すばらしい仲間との出会いがあったということです。この出会いは、私が赤穂市に赴任しなければ、生涯、なかった出会いです。人生の宝が赤穂市で生まれました。

まさしく「虎穴に入らずんば虎子を得ず」とはこのことです。当初の不安は、着任と同時に払拭されました。

この赤穂市での勤務、始めの2年間は、赤穂市でも極小規模な原小学校でした。全校児童は40人程度です。とにかく地域が人情味にあふれています。子どもたちも職員も佐用から来た私を暖かく迎え入れてくれました。

もちろん私もそんな期待に応えようと懸命に働きました。でも疲れはありませんでした。

原小学校は、田植えから餅つきまで行う一連の米作りや、古くから伝わる原小太鼓の継承など、とにかく地域とのつながりの多い学校でした。そのこともあり、教頭の仕事は、地域の中に出ていくことが多かったのです。ただそれがまた地域の皆様との繋がりを生み出してくれました。様々な方との出会いの中で、多くのことを学ぶことができた2年間でした。

授業では、頻繁に若手の指導に入りました。若い教師が悩みながら成長していく姿を目の当たりにして、プロデューサーとして職員を支えていくこの仕事の充実感に満たされていく自分がありました。

管理職になってからの私の教訓は、「絶対に感情的になって怒ったりしない」ということでした。これは、以後9年間の管理職時代、最後までやり遂げました。いつも冷静に！　そして謙虚に！　と自分に言い続けました。

そのような立ち振る舞いもあってか、職員は、色々な相談事を私に持ちかけてきました。私も、そんな相談に一生懸命応じる中で、職員の悩みを共有していきました。

このような中で、私は管理職としても、一歩一歩成長することができました。原小学校の2年間は、私にとって、まるで夢のような楽しい時間でした。

原小学校を離任するときには、皆さんが別れを惜しんでくれました。今思い返してみても、懐かしい思い出ばかりです。

感謝状
古川　光弘　教頭先生

古川教頭先生、原小学校での二年間、本当に本当にお世話になりました！

今まで本当にありがとうございました。

平成２８年３月３１日
赤穂市立原小学校
ありなし会一同

その原小学校の仲間は、私が退職した後も宴席を設けて下さり、お祝いをしてくれました。出会いから9年が経過していましたが、当時の話で盛り上がり、終始、笑いっぱなしでした。本当に楽しい時間でした。

たった2年間だけの付き合いでしたが、いつまでも覚えてくれて、何かあればこんな風に声をかけてくれます。感謝の気持ちしかありません。

次に赴任した学校は、全校児童約500人の赤穂市内でも大規模校に属する尾崎小学校でした。尾崎小の職員も、佐用町からの私を暖かく迎え入れてくれました。

尾崎小は1年間だけではありましたが、佐用町では体験できない大規模校の様子を知ることができ、大変貴重な時間を過ごすことができました。

まず初めに驚いたことは、職員の多さです。これまで勤めてきた学校の2倍以上の職員です。この職員を教頭として束ねていく苦労がありました。夏休みなど、動静を管理するだけでも大変でした。当然、職員からの相談事も多く、その一つひとつに確実に対応していくことが求められました。

もちろん、在籍児童数が多い分、児童や保護者からの相談事も多いです。やはり一つひとつに誠実な対応が求められました。

これまで多くて学年2クラスの小規模校でしか勤めたことのなかった私にとって、学年4クラスあるこの大規模校での体験は、とても貴重なものとなりました。

これまで述べてきたように、この赤穂市での3年間で、佐用町とは違う教育のシステムを色々と学ぶことができました。所変われば…とはよく言ったもので、28年間、佐用町の教育しか知らなかった私にとって、刺激的な3年間でもありました。

ちなみにこの3年間、私がお仕えした校長は1年ごとに代わり、3人の校長にお仕えすることになりました。実は、このことは大きな収穫でした。3年間で、三者三様の学校運営に接することができたことも、以後の私にとって、大変有難い体験となりました。

このように、赤穂時代の3年間は、極小規模校と大規模校を体験させていただき、さらに3人の校長にお仕えするなど、管理職の勉強をしてきなさい！　と言わんばかりの3年間でした。やはり、今一言で振り返ると、〝最高に充実していた時間〟であったと言えます。

その後、尾崎を去った後は、懐かしの佐用町に戻ることになります。赴任した学校は三河小学校。なんと私の初任校です。

新任で7年間勤めた学校に、教頭で戻ることになったのです。ここでも地域の人や昔の教え子が歓迎してくれました。当時、担任していた教え子が保護者となって私を応援してくれました。つくづく私は良縁に恵まれていると思います。

さて、ここでの2年間を含め、通算5年間の教頭経験を経て、いよいよ校長へ昇進することになります。赴任先は…そのまま三河小学校！

驚いたことに三河小学校は、この年で学校統合により閉校するということが前年度に決定していました。つまり、新任でお世話になった学校を、校長として閉めることになるのです。こんな偶然ってあるのでしょうか。見えない何かで導かれているような不思議なご縁を感じずにはいられませんでした。

そんな5年間の教頭時代を経て、こんどは校長として学校を運営していくことになります。その間の実践についてはこの後にじっくりと述べていきますが、とにかく管理職としての9年間は、振り返ってみると、〝めちゃくちゃ面白かった〟というのが実感です。覚悟を決めて挑戦してよかったと、今、心から思っています。

読者の中で、今後、管理職を目指すか、目指さないかを迷っている方がおられたら、自分に覚悟があるのか、ないのかを問うてみられるとよいでしょう。それは〝全責任を自分が負う〟という覚悟のことです。

例えば、もし自分の学校で重大事件が起こったとき、〝ブラウン管〟の前に立つ覚悟があるか！ということです。

管理職として、覚悟が決まるのであれば、ぜひ、挑戦していただきたいです。逆に言えば、覚悟が決まらないようでは、挑戦するべきではないと思っています。

COLUMN 1

令和三河丸

校長室に設置された令和三河丸と私

校長のチカラは、「メッセージ力」であると思っています。

校長は授業をしない。そんな中で、存在感を示すには、いかにして強烈なメッセージを子どもたちや保護者に伝えるかです。

三河小学校校長時代、時代は平成から令和に代わりました。そこで、最後の1年間を航海に見立てました。三河小学校の最後の1年間、海を渡っていくのは、子どもたち全員を乗せた「令和三河丸」。私は「令和三河丸」の船長として大暴れさせていただきました（笑）。

駐車場に掲示された三河丸

運動会のPTA競技で盛り上げに徹する

ある夏の昼下がり、校長室にて

廊下に掲示された三河丸

奮闘記2

ビジョンを定める

―未来像なくして、組織は動かない―

1　校長1年目は、私の初任校。そして、いきなりの閉校

組織が前に進んでいくには、言うまでもなく、そのトップの明確なビジョンが必要です。簡単に言えば〝未来像〟です。

校長1年目は、先にも書きましたが私自身の初任校で、しかも前年に学校統合による閉校が決定されていました。

このような背景下でのこの1年のビジョンは定まっています。〝最後の1年を鮮やかに彩る〟ということです。この1年、エキサイティングに、そして感動的に学校を閉めたいという思いで一杯でした。大きな仕事を与えられ、気の引き締まる思いで学校運営に当たりました。

幸い、まだ新型コロナウイルス感染症（以下、「コロナ」で統一）もなかったときで、2月までは予定していた行事をすべて実行することができました。column1でも述べましたが、最後の1年を航海に例え、思い出深い1年を過ごすことを目標に、一つひとつの行事を大切に行っていきました。

まずは、4月、始業式（R1.4.8）で次のような話を子どもたちに行いました。

> さあ、今日、この日から「令和三河丸」を出港させます。途中、四季折々の景色を見た

り、天気のいい日は空を見上げたりしながら、一人も海に落ちることなく、みんな仲良くゴールをめざそうね。
目指すゴールは、閉校記念式典、そして閉校式へと続く感動のフィナーレです。三河小学校は、今年度はその日その日が最後の1日となります。大切に前に進んでいきましょう！

ところで、閉校にあたり、いかにして地域を巻き込んでいくかが大きな課題でした。本校は、地域の中の学校であり、地域から愛されてここまできた学校です。統合への過程でも、地域の反対があったのは事実です。子どもたちはもちろんのこと、地域の皆さんと素敵な思い出をつくりたい気持ちで一杯でした。

そんな中で、ここでは三河小学校最後の運動会と閉校記念式典、そして卒業式・閉校式の取り組みを取り上げます。

（1）運動会「さよなら三河小学校プロジェクト」

最後の運動会は、地域をあげての町民運動会として行いました。そのため、たくさんの町民の皆様が参加して下さいました。

その運動会の目玉として、当日は「さよなら三河小学校プロジェクト」を実行しました。閉校の横断幕を掲げ、子どもたちが中心となって運動場に「三河」の人文字をつくる。そして記念風船500個（害にならない土にかえる風船）を、参加して下さった皆様と一緒に空に放ち、そしてその瞬間をドローンで空中撮影するというプロジェクトです。

当日の様子を『学校通信　文教の里』（令和元年度10月号）から抜粋します。

圧倒的不利な雨予報をくつがえし、さわやかな日和のもと、29日は予定通り運動会を実施することができました。当日は早朝の準備より、多くの地域の皆様、保護者の皆様にご協力いただき、ありがとうございました。

9月に入ってからの運動会の練習は、暑さの中、厳しいものではありましたが、子どもたちは、いつ見ても楽しそうに、前向きに取り組んでいました。その成果が出て、当日は、『全力で！　心を一つに三河小』のスローガンのもと、精一杯の演技を見せてくれました。

子どもたちのひたむきで真剣な姿、そして地域の皆さまの楽しそうな笑顔、私は感動で胸が一杯になりました。全員で人文字をつくったとき、空一杯に舞い上がった風船を見て、三河地域の皆様の前途が、大きく広がりますようにと願わずにはいられませんでした。

三河小学校最後の運動会という特別な意味を持った今年の運動会でしたが、スローガン通り、ここにいる全員の心が一つになり、文句なし、大成功の運動会ができました。

地域の皆様には、終始、子どもたちに温かい声援をいただき、ありがとうございました。また保護者の皆様には、早朝からのお弁当づくりに始まり、写真・ビデオ撮影、そして我が子の応援のみならず、すべての子どもたちの演技・競技に惜しみないご声援をいただきましたこと、心より感謝申し上げます。本当にありがとうございました。

さて、運動会も終わり10月になりました。三河小学校の残された時間は、あと半年、6ヶ月となりましたが、〝令和三河丸〟は、最後まで精一杯の航海を続けたいと思います。

今後とも、地域の学校である三河小学校へのご支援をよろしくお願い致します。

（2）閉校記念式典「ありがとう　三河小学校」

トップがビジョンを描くに当たって、ゴールをいかにイメージするかが大きな課題となります。特に146年もの長きにわたり、地域の中心となってきた学校の最後を、どのように演出するかは頭を悩ませました。

その結果、やりたいことは山ほどあるのですが、やり過ぎるより、いかにシンプルに今の思いを伝えるかということに力を注ぎました。とにかく、子どもたちの最後の勇姿を地域の皆様に見ていただこうと考えました。閉校記念式典を学習発表会と兼ねて行うことにしたのです。

当日のプログラムは次の通りです。

司会　6年生児童
オープニング
1　はじめの言葉（　6年生児童　）
2　実行委員長の挨拶
3　学年発表
4　全校児童発表「ありがとう　三河小学校」
5　校長の話

6　おわりの言葉（６年生児童）

当日は、３５０人を超える方々がご来校下さいました。地域の皆様だけでなく、本校にゆかりのある方々も多数、参加して下さいました。教え子もたくさん来てくれました。

それにしても、40人の子どもたちの学習発表が素敵でした。本校は、この日に備え、表現力を高めることを常に念頭に子どもたちを指導してきたのですが、３００人を超える観客の前でも、堂々と自分の思いを表現することができました。本校教師陣の指導力の高さが十分に発揮された発表の連続で、何度、涙をこらえたかわかりません。

ところで私自身、最後の「校長の話」をどうするか、考えに考えました。いかにして、これまでの感謝の気持ちを言葉で伝えるか…。大いに悩みました。試行錯誤を重ねた結果、私はお世話になった三河小学校へのお礼として「仰げば尊し」をアカペラで歌うことにしました。歌は得意ではありませんが、とにかく今の思いを伝えようと精一杯歌いました。感極まりました。参加された保護者や教え子から花束が届きました。本当に素敵な時間となりました。

当日の様子を、こちらも『学校通信　文教の里』（令和元年度3月号）から抜粋します。

2月22日（土）の閉校記念行事が終わりました。

当日は、本校最後の子どもたちの勇姿を見ていただきました。いかがでしたでしょうか。

私たち教職員と子どもたちは、4月から最後の1年を悔いなく過ごすために、一日一日を大切に、そして精一杯過ごしてきました。その成果が見事に表れたステージでした。本当にすばらしい発表の連続でした。

私は、子どもたちの姿を見ていて、何度も胸が詰まりそうになりました。子どもたちには、この三河小学校で過ごしたことに誇りを持って4月から南光小学校、そして上津中学校で頑張ってほしいと心から願っています。

三河小学校は3月で閉校しますが、三河小学校は、いつまでも私たちの心に残ります。永遠に不滅です。

当日は、ご来賓の皆様をはじめとし、地域・保護者の皆様、そして本校にゆかりのある皆様に、多数お集まりいただき感無量でした。心より、お礼を申し上げます。寒い中、そして足元の悪い中、本当にありがとうございました！

職員自作の横看板

前日の準備完了

最後のご挨拶　「仰げば尊し」

懐かしの写真展

日々の学習の足跡

（3）コロナ禍での卒業式、そして閉校式

さて、2月までは順風満帆で「令和三河丸」を運行させてきたのですが、2月下旬に激震が走りました。コロナ拡大防止のため、当時の安倍首相の指示により、3月は全国の小中学校が休校となりました。

この時点から、学校長としての判断は困難を極めることになりました。とにかく「令和三河丸」ゴール目前での大嵐です。3月予定の行事は、ほぼすべて中止となりました。

問題は、卒業式と閉校式です。本校最後の卒業式は、是が非でも成功させなければなりません。閉校式も実施しなくては学校を閉められません。その対応に追われました。

卒業式の在校生不在、来賓不在…。これらの対応は、今なら理解が進み、問題なく進んでいくことではありますが、当時は保護者も困惑させることになりました。特に在校生の参加を保護者が強く望まれました。

その在校生の参加については悩みましたが、とにかく感染者を出すわけにいきません。やはり簡素化された中で、卒業式と閉校式を行う決断に至らざるを得ませんでした。

当日の様子を『学校通信　文教の里』（令和元年度4月号）から抜粋します。

昨日、3月23日は卒業証書授与式でした。令和元年度の卒業生6人が、たくさんの思い

出とともに元気に巣立って行きました。月日の流れは、ロマンチックに子どもたちを未来へと運んでいきます。

残念ながらコロナウイルスの影響を受け、町内各小学校とも例年より縮小された形の卒業式になりました。ご来賓は、教育委員会と地域の方、数名のみ。来賓祝辞、町長祝辞等もありません。在校生も不参加のため、門出の言葉も卒業生のみの簡単なメッセージだけとなりました。でも私たち職員は、どのような卒業式になっても、誠心誠意、心を込めたものにしたいと考えました。

私自身も、精一杯、式辞を述べさせていただきました。途中、涙が溢れそうになりました…その後の閉校式も、146年の歴史を閉じるには、あまりにもささやかな、寂しいものになりましたが、役目を終える校旗も佐用町に無事返還しました。

結果的に、こんな形の卒業式、閉校式になって、本当に残念な気持ちはあるのですが、今後20年、30年たったときに、「ああ、三河小学校最後の卒業式は、コロナ騒動で、大変だったけど、そのせいで忘れられない思い出になったね！」というように、懐かしく思い返せる日が来てくれることを、心から願っています。

三河小学校最後の卒業生の〇〇〇さん、〇〇〇さん、〇〇〇さん、〇〇〇さん、〇〇〇さん、〇〇〇さん、6年間、本当によく頑張りました。

上津中学校でも、頑張れ！　応援しています!!

こうして、私の校長1年目が終わることになります。閉校にあたり、「閉校記念誌」を発行したのですが、そこに寄稿した私の記事を以下に掲載します。

閉校に寄せて《仰げば尊し》

146年の長きにわたり、幾多の人材を輩出し、輝かしい歴史と伝統を築いてきた三河小学校が幕を閉じることになりました。

私事になりますが、神戸で生まれ育った私は、今から34年前、大学を卒業して、この三河小学校に新任教師として赴任しました。何も知らない青二才は、それから7年間、本校に努め、教師としての基礎基本を徹底的に教えていただきました。

そのとき、まさか自分が本校最後の校長として、この三河小学校を閉じる役目を負うなんて、夢にも思いませんでした。運命的なご縁を感じています。

当時のことを思い返してみると、未熟ながらも、精一杯子どもたちと過ごしていたときのことが、走馬灯のように思い返されます。かけがえのない大切な思い出ばかりです。

失敗もたくさんしましたが、その都度、子どもたちや保護者の皆様から励ましの言葉をかけていただき、助けていただきました。そうやって、未熟な私は成長することができました。

私は、その当時を含めると、合計10年間、本校でお世話になりました。私にとっての三河小学校は、人生の「師」以外、何ものでもありません。だから今は、寂しくて仕方がありません。

今後、子どもたちは南光小学校そして上津中学校に活躍の場を移しますが、子どもたち、そして三河地域の皆様のご活躍を心から応援しています。

三河地域の皆様、こんな私を10年間もの長きにわたり温かく導いて下さり、本当にありがとうございました。心からお礼を申し上げます。私は三河小学校が大好きでした。

どうか、いつまでもお元気で……さようなら。

2　校長2年目からは、激動の中学校勤務

閉校に伴い、当然、私も異動の対象となるわけですが、異動先を聞いて疑いました。何と中学校です。教職年数3年を残しての異動であるため、最後の最後に今まで一度も勤めたことのない中学校勤務を命じられることになったのです。

これまで様々な分野・領域で、力を発揮する機会をいただいてきた私ではありますが、最後は中学校での校長職です。本当に私の人生は、試される人生だとつくづく思いました。

さすがにこのときは、経験したことのない中学校ということで、不安ばかりでありましたが、やはり「覚悟」を決めてやるしかないと思いました。

これを機会に、また一回り大きな自分に成長したいと考え、ピンチをチャンスにとらえ、精一杯やり抜きたいと思いました。

赴任先の上津中学校は、閉校する三河小学校の校区でした。つまり、卒業式で送り出した6年生を、今度は、上津中学校で待ち受けることになります。これには保護者も子どもたちも驚くこととなりました。

とにかく、どこに行っても学校の最終責任者という自覚と責任のもと、生徒たちが生き生きと登校し、職員が気持ちよく働くことができる職場環境を、力の限りつくり上げていきたいと考えました。58歳の新たな挑戦です。

ところで、この上津中学校でのビジョンは……もちろん着任当時はありません。予想さえしなかった中学校勤務。とにかく、慣れるしかありません。まずは、中学校という現場を知ることからのスタートです。

あえてビジョンをあげるとすれば、〝コロナの中で、逃げずに、果敢に挑戦する！〟ということでしょうか。

安全策は取りたくありませんでした。とにかく様々な方策を取り入れながら、行事は実施していく！　その姿勢を貫き通した3年間でした。

COLUMN 2

閉校記念品

三河小学校を閉校するにあたり、いくつかの記念品を作成しました。

閉校記念誌には、地域の有志の皆様のメッセージをはじめ、懐かしの写真がたっぷりと掲載されています。私の初任の頃の写真もあり、思わず見入ってしまいました。年代別の卒業生からのメッセージも寄せられ、読んでいると当時の様子が偲ばれ懐かしいです。本校最後の子どもたちのメッセージが最後に掲載され、読み応えのある素敵な内容になっています。永久保存版です。

三河小学校の校歌が流れるオルゴールも作成しました。聞いていると思わず口ずさんでしまい、これも貴重品です。決して粗末にはできません。

それから、校門の四季の移り変わりを写した記念クリアーホルダーも作成しました。三河の四季を感じることができます。

2020年3月、三河小学校は閉校されましたが、私にとって、三河小学校は第二の故郷です。いつまでも忘れることはないでしょう。

閉校記念品の数々

校歌が流れるオルゴール

奮闘記3

職員の気持ちに寄り添う

―平等であることが、何よりも大切なこと―

1 着任早々の職員会議でのファーストメッセージ

先にも書きましたが、初めての中学校勤務。職員もほとんどこれまでご一緒したことのない方ばかりです。まずは、職員の気持ちをできるだけ早く掴みたいと思いました。

私は職員会議での校長の話を、必ず職員室通信というプリントにしたためて職員に提示しました。話しただけだと忘れられてしまいます。自分の言葉に責任を持つという意味もあります。文章に残すとごまかしがききません。

着任早々の第1回目の職員会議では、その職員室通信の第1号を発行し、その中に私が伝えたいことをまとめて提示しました。

以下、職員室通信『校長室の窓から』（令和2年度4月2日No.1）から抜粋します。

私から皆さんにお伝えしたいことを、いくつか話します。

1．「体罰」はもちろん、信用失墜行為の禁止

「いじめ」に関する自殺を含めた問題についてです。

本校からは、絶対にそんなつらく悲しい事実を出してはいけないと思っています。

「体罰」「虐待」等、生徒の人権を踏みにじる行為は、絶対にしない・させないという気持ちで取り組んでいただきたいと願っています。

さらに信用失墜行為については、本校の信用を傷つけるだけでなく、自分自身の職も失い、それにともない家庭崩壊も引き起こします。そんなことをしっかりと認識してください。ちょっとした気の緩みが、悪夢を招きます。常に気持ちを引き締め職務に努めてください。

2．積極的なチャレンジを！

生徒たちの幸せのために役立つことは、どんどん取り組んでいただきたいと思っています。もちろんルールにそった形で。

授業や学級経営を工夫して、我々自身も楽しみながら、毎日を過ごしましょう。そのためにも、我々はいくつになっても学び続けることが大切だと思っています。

3．まずは自分自身を振り返ってください

うまくいかないことがあった場合は、すぐに生徒たちや保護者のせいにするのではなく、まずは自分自身を振り返っていただきたいと思います。

今一度、自分自身の指導が間違っていなかったのか、生徒を変えることのできる効果的

な指導は他にないか等、自分自身を振り返り、その上で生徒や保護者のあり方を見つめていただきたいと願っています。

4. 校舎内の様子を把握します

とにかく私にとって、今一番大切なことは、中学校現場をしっかりと知るということです。校長室にこもるのではなく、できるだけ学校内の様子を把握したいと思っています。生徒たちや、先生方や、学校内の色々なことを把握するのは、校長の大きな仕事だと思っています。

とにかく私は、うろちょろします。授業中や休み時間、給食時間、部活時等、校舎内、常にうろちょろしますが、どうか私の姿が見えても、まったく気にならさず進めてください。決して邪魔はしませんので。

5. 報告・連絡・相談を密に！

報告文書、調査物などは、直接提出してしまうのではなく、基本、管理職にまわしてください。教育委員会から誤字脱字や調査ミスなどが指摘されることが多くあります。生徒たちの状態なども、可能な限り、教えていただければ管理職としてはありがたいです。ちょっとでも、気になることがあれば相談をかけてください。

それから、交通事故等にも十分に気を付けてください。些細な交通違反、交通事故等であっても、必ず即座に報告するようにしてください。

6．煙たがられるのも管理職の仕事

皆さんが煙たがるようなことを言うのも管理職の仕事です。気に障ることもあるかもしれませんが、私（たち）の心に悪意はまったくありませんので、素直に受け入れていただければ幸いです。

人間素直さが大切だと思っています。素直な教師は、伸びる資質を備えているとさえ思っています。私（たち）の善意を信頼していただけると嬉しいです。

7．上津中職員、気持ちを合わせましょう！

上津中学校には、17名の職員が「子どもたちの豊かな成長」を願って勤務しています。これがバラバラになってはいけません。

どんなときにも課題は必ずあります。その課題が多ければ多いほど、元気を出してください。元気を出せれば活気が出ます。忙しいときもあるでしょう。そんなときも、それを楽しむ方法を考えましょう。そんな姿は、生徒の学校生活、保護者との対応に跳ね返ります。

職員一致団結して、苦楽を共に乗り越え、悲しみや楽しみを共有しながら、素敵な学校にしたいと思っています。

やはり、職員が仲良く団結している姿は子どもたちに反映します。反対に職員がうまく機能していない姿も子どもたちの姿に反映するものです。

お互い、言いたいことがあれば直接言うか、言いにくければ私どもに相談してください。お互いの陰口や悪口は聞くに堪えません。絶対にやめてください。

どうか、お力をお貸しください。素敵な教師集団をつくっていきましょう。1年間、よろしくお願い致します。


まずは、このメッセージで、これで、私の基本姿勢は概ね職員に伝えることができたと思っています。これらのメッセージは、すべて私のこれまでの教職人生から導き出されたものです。特に何かを参考にしたわけではありません。

「鉄は熱いうちに打て」です。何でも始めが肝心だと考えています。

校長室の片隅に

入学式の式辞の中で

2 終始一貫、自分の信念を貫く言葉を発し続ける

令和2年度の入学式の日、生徒たちに示した言葉「熱いハート」(上の写真)。この「熱いハート」は、私の3年間の中学校経営における自分の信念を貫く言葉です。

この言葉も、私のこれまでの教職人生から導き出されたものです。職員も生徒たちも、この言葉がすべてだと考えています。熱いハートを失っては何もできません。

人生、よいときばかりではありません。この「熱いハート」は、つらいときにはなおさら必要です。つらいときにこそ、「熱いハート」で、「なにくそ！」と乗り越えてほしいのです。

そんなことを職員にも生徒たちにも常に語りかけ続けた3年間でした。

もちろん、私自身がこのことを忘れないように、校長室の片隅に、ずっとこの言葉を掲げ続けてきました。いついかなるときも、私自身が常に「熱いハート」で臨むようにしていました。

3　職員の気持ちを掴むためのいくつかの戦略

生徒と同じで、職員も色々な性格の人がいます。生活している環境もそれぞれちがいます。すべての職員の気持ちを掴むのは至難の業です。

私は、そんな職員の気持ちを少しでも掴むことができるように、次のような作戦を仕掛けました。

(1)校長室は、常に開放する

とにかく隔離されがちな校長室ですが、常に私は校長室のドアは開放し、いつでも誰でも入室可能にしていました。そして、訪ねて来た職員には、たとえ仕事中であっても手を置き、相談に応じるようにしました。

これは後で述べますが、生徒たちも同じで、いつでも校長室には来てもよいことにしていました。

そんな働きかけもあり、本校の職員は、色々と相談事を持ちかけてきました。悩み事も多いです。もちろんすべて親身になって相談に応じるようにしていました。

私は、職員に対しては、平等であることが、何よりも大切なことだと考えています。経験年齢や性別や巧拙等は、私にとってはまったく関係ありません。私にご縁のある職員は、すべて幸せになってほしいと思っていました。

とにかく、全職員にこの仕事の素晴らしさを感じてほしいのです。大変な仕事ではありますが、児童生徒の未来に関わることのできる、こんな素敵な仕事は他にはありません。

(2)声かけ、面談は頻繁に

校長室を開放しているとは言え、性格上、なかなか校長室に入りにくさを感じている職員もいます。そのため、意識的に全職員にこちらから声をかけることにしています。

名簿で、声かけをした職員のチェックをいつも行っています。声をかける職員に偏りがないようにするためです。

さらに、定期的に全員に対する面談も行っていました。少なくとも、年度始め、2学期、そして年度末の3回は面談を行いました。時間は一人15分程度ですが、1時間に及ぶこともありました。

この面談時に、普段できない話をすることも多かったです。このような場を設定することで、それぞれの職員の本音を引き出すことができます。

(3)手紙で励ます

私たち人間というものは、手紙をもらうと嬉しいものです。なぜなら、手紙を届けてくれる人は少なくとも、それを書いている時間は、書いている人のことだけを考えているからです。

私は、通知表の生徒所見ができ上がった段階で、必ず目を通すことにしています。その所見を読むと、生徒の学期間の頑張りがわかります。その所見の中から、生徒のよいところを引っ張り出し、終業式の式辞に使うこともあります。

ところで私は、その所見の下書きを見終わって、担任に返却するときに、担任に対する私の所見を添えるようにしていました。

次に掲載するものは、令和４年度の1学期に、ある担任に対して渡したものです。

私からの所見が、これから先、ますます元気が出る〝ビタミン剤〟になってほしいと願ってのことです。


〇〇先生、1学期、お疲れさまでした。

4か月間、個性の異なる4人の指導に丁寧に当たってくれてありがとう。〇〇君のことで、悩むことも多かったと思いますが、一つひとつが勉強です。すべてが血となり肉となり、自分自身の成長に繋がります。

4人4様で、それぞれ課題はありますが、これからも、2年後の進路を見据えた保護者へのアドバイスなど、よろしくお願いします。

今学期は、校務分掌も大幅に増え、大変だったと思います。これもまたすべてが勉強です。忙しいのは、人様から必要とされている証です。若いうちは、意気に感じて、精一杯、取り組んでください。

所見、読みました。よく頑張りました。いくつか修正しています。見直してください。

部活動の方も、テニスの指導にも、自信がついてきたのではないでしょうか。この夏もよろしくお願いします。

研究授業や実習生の指導など、本当に充実の1学期だったと思います。よく頑張りました！　涙を流しながらやり抜いた経験は決して無駄にはなりません。私から、たくさん、たくさん褒めてあげたいです。

夏休みは、少しゆっくりしましょう。また長い2学期が待っていますよ。本当に、お疲れさま。

所見を読んで、お礼を伝えに来る職員もいます。私の思いが伝わったという安心感で、私も嬉しい気持ちになりました。

実は、この教師への所見は、私が36年前にお世話になった校長先生からいただいたお手紙がきっかけです。そのときの校長先生が同じことをして下さいました。そのときの思いやりの心が忘れられず、今でもそのときの手紙を大切に持っています。

4 心に残る言葉を発し続ける

本章の冒頭でも書きましたが、私は職員会議での校長の話を、必ず職員室通信というプリントにしたためて職員に提示しました。話しただけだと忘れられてしまうからです。自分の言葉に責任を持つという意味もあります。

その通信を使って、私は職員が少しでも日々の職務に前向きに取り組めるように、折に触れ、心に残る言葉を伝えるようにしてきました。

それはある有名人の言葉であったり、書籍に書かれていた印象的な言葉であったりします。とにかく心に残る言葉を発し続けて、職員に勇気と元気が出るように努めてきました。中学校3年間で丁度100号に到達しました。

次ページから、その実物の職員室通信の何枚かを掲載します。

職員室通信「校長室の窓から」

【No.15】雑感…反省はするが、後悔はしない教師人生を！

校長室の窓から

令和２年度
職員会議通信
Ｎｏ．１５
9月　23日

雑感…
反省はするが、後悔はしない教師人生を！
―後半戦も力を合わせて頑張りましょう！―

人間悲しいかな、過去の事をくよくよと考えてしまうことがあります。ただ考えて過去が変わるなら、いくらでも考えればいいのですが、残念ながら、過去というものは、今から変わるものではありません。

いくら万全の戦略で臨んでも、うまく行かないことが起こるのは当然です。

学校は人間対人間の駆け引きですから、学校の業務、生徒との関係等、うまく行かない時もあるのです。人間誰しも好不調の波があるものです。

教師は真面目ですから、うまくいかないと悩むのです。悩むことは悪いことではありません。「私にはスランプなんか一度もない！」なんていう自信満々な方も時々見かけますが、悩みながらの教師の方が、よほど人間的です。

ただ、あれこれと考えてしまうのはよくありません。負のスパイラルに落ち込んでいくからです。

負のスパイラルに落ちこむと、家に帰っても考え続けます。でも、いくら考えても変わらないものは変わりません。変わらないことを考えるのは、ただ疲れるだけで、時間の無駄です。

そんな時は、むしろ、スパッと忘れて、自分のしたいことをやりましょう。テレビを見たり、漫画をよんだり、ギターを弾いたり…

学校で疲れているのに、さらに家でも疲れることはありません。家では英気を養い、体力を補充させましょう。

ちなみに私の場合は、失敗の原因が分かるのであれば反省をします。でも、後悔はしないようにしています。終わってしまったことは仕方ないですからね。

いつまでも後ろを振り返るより、前に向かって歩いていく方が建設的です。

ということで、教師をやっていると、いろいろな事があるとは思いますが、下半期、後半戦も力を合わせて頑張っていきましょう！

何もない平凡な日々は幸せです。

２学期始まってから、本当に色々とありましたが、何事もなかったように、すっかり落ち着いています。

とにかく、何もないのは幸せです。平凡な日々ほどありがたいことはありません。

いよいよ下半期に突入します。

１０月は、音楽発表会や体育祭も控えていますが、何事もなく粛々と、それらの行事が進行していくことを願っています。

修学旅行も、何とか行けることを願っています。

先生方も、くれぐれも疲れが出ないようにしてください。

【No.38】幸せを感じ取る力を高めましょう！

校長室の窓から

令和３年度
職員会議通信
No．38
6月 9日

幸せを感じ取る力を高めましょう！

身の回りに楽しいことがたくさん起こる方がいいに決まっているのですが、なかなそうは行かないのが実情です。

でも、実は気づいていないだけで、私たちの身の回りには既に楽しいことが満ち溢れています。そんなことには気づかず、人間というものは、ついついマイナス思考に陥りやすいものです。

まずは、こうやって教師という素敵な仕事を続けられているという事だけでも幸せな事です。そんな平凡な日々が送れるということだけでも、実は幸せな事なのです。

私は、卒業間際の子どもたちによく次のように言いました。

『世の中には、地位や名声があっても不幸せそうな顔をしている人がいます。また、その逆の人もいます。どちらが良い人生かはその人の価値観なので分かりませんが、私はどんな状況でも、ニコニコと笑顔で前向きに生きている方がツキを呼び込むと思いますよ。そのためにも「自分の幸せを感じ取る力」を高めてください。

たとえつらい状況になったとしても、そのことを嘆くのではなく、今、身近にある幸せを感じ取ってほしいのです。そうすることで、きっと道は開けます。今の自分が幸せだと感じるポイントを自分で探し、「よくやっている」と自分自身をほめてみてください。』

例えば、教師も同じです。「幸せを感じとる力」を高めてください。

「○○さん、最近、意欲的やな」とか「○○さんは、いつも掃除を頑張っているな」というような生徒たちのちょっとした頑張りに気付いた時、教師として嬉しくなりますよね。そんな小さな幸せを感じ取ってほしいと思っています。

もちろん、「ふと時計を見たら、１１時１１分だった」とか、「昨日の晩御飯で食べた△△は、美味しかったなぁ〜」「昨日は、応援していたプロ野球チームが勝ったなぁ〜」「大好きな◇◇のドラマが見れたなぁ〜」というような教育とは全く関係のない小さな幸せでもかまいません。

こんなことでも、元気になれるのではないでしょうか。

ということで、このような事を、また全校集会で生徒たちにも語り掛けようと思っています。

梅雨の時期を乗り切りましょう！

今年はいつもより早い梅雨入り。雨の多いこの時期、なんとなくやる気が出なかったり、だるかったり、調子が悪いなぁ〜と感じたりしている方も多いのではないでしょうか。

こんな時は、ちょっとしたことでもイライラしがちです。でも、その感情に素直に従ってはいけません。小学校では学級崩壊の起こる時期は、統計的に6月と11月に偏っています。

教師から笑顔が消えてしまえば、子どもたちとの距離は一気に離れてしまいます。そんな時期だからこそ、教師は心を明るく楽しくしようではありませんか。

夏休みまで、あと一カ月ほどです。そんなことを考えるだけでも、楽しくなってきます。

あとひと踏ん張り、乗り切りましょう！

【No.54】生徒たちに寄り添える教師を目指して　教育は、真心で！

校長室の窓から

令和３年度
職員会議通信
No．54
1月 11日

生徒たちに寄り添える教師を目指して
教育は、真心で！

新年、あけましておめでとうございます。本年も、どうかよろしくお願い致します。

さて新年という事で、初心を思い出してください。

いつも言うことですが、生徒たちの姿を一人一人、しっかりと見つめてあげてください。勉強ができる子、運動ができる子、人気者の子などは、将来、自分一人でも生きていくことができるでしょう。

問題は、友だちから人気のない子、勉強が苦手な子、部活で試合に出れない子、学校に来にくい子・来れない子などは、場合によってはクラスで孤立しがちです。「ああいうやつだ！」というクラスの世論ができてしまうからです。

そうなると、クラスに自分の場所、行き場がなくなり、ますます登校する気力が失せてきます。時に教師も「あんな子だから、仕方がない」というような感じで見てしまい、その状況を自業自得だと放置しがちになります。

ただ、ここからが大切で、むしろ、そんな子どもたちには、特に意識をして声をかけてあげてほしいのです。あきらめないで、教師だけでも関わってあげてほしいのです。自分と相性が悪い子も同じです。あえて声をかけてあげてください。たとえ、嫌な顔をされてもです。

一人一人に寄り添えるそんな教師でありたいと教師になりたての頃は強く決意していたと思います。その初心を忘れないでください。

休み時間に、クラスで一番嫌われている子が教師のそばに来るような、そんな教師になってほしいと思っています。そんな状況を、温かく受け入れられるような教師になってほしいと思っています。

３学期、あと３カ月、精一杯、教師の仕事に邁進していきましょう！

お互い、助け合って、素敵な教師集団を創っていきましょう！

こんな感想は嬉しいですね。
ーオープンスクールの感想からー

自分のことを誰も見てくれない！　なんて思って落ち込むときがありますが、この世の中、見ている人は、しっかりと見てくれているものです。心配することはありません。目の前の仕事に、精一杯打ち込むことです。

オープンスクールの感想に次のようなものがありました。見ている人は、見ているものです。

・　パソコンを使って、すぐに資料の用意が出来るのは素晴らしい。生徒の意見を引き出しながら、授業を進められていて、こんな授業であれば楽しく受けられると思った。（国語の授業への感想）
・　学校行事の様子が廊下にあった。火災訓練の様子では、ふと思い出せて良いと思う。（廊下掲示への感想）
・　美しい環境で勉強させて頂き、ありがとうございます。（学校環境への感想）
・　男女仲良くしているのが微笑ましい。（学級経営への感想）
・　コロナ対応もきちんとできていて良かった。（学校経営への感想）

【No.71】熱意は、何よりも心に伝わるもの！

校長室の窓から

令和４年度
職員会議通信
No．71
5月 18日

熱意は、何よりも心に伝わるもの！

世の中は、理不尽なことも多く、頑張っていることがストレートに伝わらないことも多いです。

こんなにあなたの事を思っているのに…と思っても、なかなか相手の心に届きません。

特に保護者にはそれを感じます。現状、保護者の心を掴むのはなかなか至難の業です。小中学校の教育が効果を上げるためには、教師が子どもたちから信頼を得ることは言うまでもないことですが、保護者からも信頼を受けるようでなければ、教育の真の効果は期待しがたいと考えています。

時代は変わり、教師自体、放っておいても尊敬される時代ではありません。何かあれば、即座に攻撃の対象となるのが今の時代です。

そんな中で、保護者から信頼を得る、唯一、絶対的なものが「熱意」だと私は思っています。

保護者は、色々な方がいます。学校に対する不満も色々とあるとは思います。

しかしながら、教師がやっている授業への熱の入れようとか、一人一人の子どもに対するあきらめない関わり方であるとか、普段行っている教師の営みというものは、保護者に必ず伝わります。

それは、我が子から伝わることもあるし、保護者同士の話の中で伝わることもあるし、地域から伝わることもあります。教師が出す学級通信のような教育実践の内容からも伝わります。

それは、「若い・ベテランである」とか、「生徒に人気がある・ない」とか、そんなものではなくて、熱意と言うものは誰からも伝わっていくものです。

「○○先生は熱心や」「一生懸命やってくれる」そんな風に感じてもらえれば、それが、一種の防波堤となり、不満や文句が言いにくいような状況を生み出していきます。そして「我が子の教育を託するに安心できる人物だ」というふうに信頼されていきます。

授業の上手い・下手などは、ある程度の時間も必要です。でもそれぞれが置かれた様々な条件のもとで、熱意をもって教育に当たることは誰にでもできるのです。

熱意は、何よりも心に伝わるものだと私は思っています。

ただ、保護者からのクレームと言うものは、教師にとって当たり前のことで、いちいち気にすることはありません。「まだまだ自分は勉強不足だ」「さらに器の大きな教師なるための課題だ」くらいに前向きにとらえることです。

日々「熱いハートで！」頑張っていきましょう！

教育は、手品ではありません。
焦ることはないのです。

先日、卒業生の●●さんの保護者が学童保育に来られた時に、「●●は、高校生になって、中学校の時の状況が嘘みたいに、毎日楽しそうに自転車で学校に行っています。そのことを校長先生にお伝えください。」と妻に話したそうです。

卒業生の頑張りを聞くことは、本当に嬉しいことです。

その言葉を聞いて、教育の成果は、今表れるものもあるし、時間がかかるものもある、焦ることはないという気持ちを強くした次第です。本当に嬉しい報告でした。

校長室の窓から

令和４年度
職員会議通信
Ｎｏ．７４
6月　21日

「この子」さえいなければ…という「この子」が、教師の力量を高める！

長い間、教師をやっていると、いろんな生徒に出会います。

優しい子、いたずらばかりする子、穏やかな子、気性の荒い子、勉強が良くできる子、運動の得意な子、教師に心寄せる子、反抗的な子…

本当にいろんなタイプの子どもに出会いました。

全ての子どもたちが、教師に心を開いてくれたら楽なのですが、もちろん、全ての生徒が自分の性格に合うことなどありません。

何をやっても、その子とは、うまくいかない子もいます。素直に言うことを聞き入れてくれないのです。クラスをかき乱すばかりです。

そんな時、ふと、「この子」さえいなければ…という思いがよぎるものです。つい、あきらめがちになります。それが人間の心理と言うものです。

ただ本当の勝負は、そこからなのです。

たとえ、うまくいかない子であっても、そこを何とかしようと取り組むのが、教師の仕事なのです。

色々な手を打ち、様々な策を練り、とにかくその子が心を開く努力を続けてほしいと思っています。

もちろん、それでもどうしようもないこともあるでしょう。でも、それでも次なる手を打ち、策を練って、逃げないで、正面からぶち当たってほしいのです。

そんな努力の一つ一つが、教師としての力量を高めていくのです。

お金をもらって仕事をしているのです。仕事とは、そんなに楽なものではありません。うまくいかないことをいくように、努力する。それが教師の仕事です。そんな中で、教育技術を身に付け、力がついていくのです。

実は、私自身、今、昔のことを思い返してみて、頭に浮かぶのは、うまくいかなかった子どもたちの事が多いです。今でも、学級崩壊の夢を見る時があるほどです。

ただ、そんな子どもたちの心には、自分の為に関わってくれた人の事が、ずっと残っているのも事実です。

当時は大変だった出来事も、長い年月が経つと、浄化され、良き思い出になることもあります。

大変苦労させられた子に、何年か経って、その子から声をかけられることが、何回かありました。

そんな時の子どもたちは、必ず次のように言いました。「先生、お久しぶりです。色々と迷惑をかけてすみません。先生と過ごした一年は、楽しい一年でした」と。

まあ、いつも言いますが、今は報われないかもしれませんが、長い年月を経て、成果が出る事もあるのです。

合言葉は「**おい、あくま！**」です。

お　…　決して「**お**こるな！」
い　…　決して「**い**ばるな！」
あ　…　決して「**あ**せるな！」
く　…　決して「**く**さるな！」
ま　…　決して「**ま**けるな！」

明るく、前向いて、笑顔で頑張りましょう！

COLUMN 3

おでこ・ピッカリン君

上津中学校の在任1年目に在籍していた美術の担当教諭が、色々と私のグッズを作成してくれました。

一つ目は、出張時に掲げる「出張札」です。そこに描かれている絵は、とっても可愛いです。次頁の写真のものです。下のマスコット人形も作成してくれました。

これは、とにかく私にそっくりということで、校長室を訪れた人に超人気でした。校長室の来客テーブルの上に飾っておいたのですが、これを目にした人は「校長先生、そっくりですね～」と、まずはこのマスコット人形から話が弾んだものです。

私は、このマスコット人形を『おでこ・ピッカリン君』と名前を付けました。以後、その愛称で生徒たちからもずっと親しまれました。

その美術科教諭も1年が経過し、学校を異動することになりました。別れに当たり、最後に私の似顔絵をプレゼントしてくれたのです。この似顔絵も、以後、ずっと校長室に飾っています。これらは、これからも私の大切な宝物です。

出張札の「似顔絵」

似顔絵のプレゼント

私のマスコット人形

奮闘記4

生徒に存在感をしめす

―心を繋ぐ校長講話―

1　生徒たちとの出会い
―コロナ禍のスタート、生徒たちへのファーストメッセージ―

私の中学校長としての出発は、コロナが発生して間もない頃であり、入学式・始業式だけを行って、その後、２か月の休業に入るという最悪の時期と重なってしまいました。

そんな状況の中、本校生徒には、令和２年度第１学期の始業式（R2.4.6）で、次のような話をしました。

皆さん、進級おめでとうございます！

この春休みは、コロナの影響で色々と大変だったですね。

いよいよ今日から新学期が始まりますが、とにかくこのように登校して、新学期が迎えられてよかったです。

さて４月のスタートです。本当だったら、精一杯勉強に打ち込みましょう！　思いっきり歌を歌いましょう！　思いっきり部活をしましょう！　というような気持ちの高ぶるお話をしたいのですが、今はコロナウイルスの影響で十分な活動ができません。色々な活動が制限されています。

ただ、こんな状況ではありますが、その限られた制限の中ででも、精一杯のことを最大限に楽しみながら、全力で取り組むことが大切です。それが来るべきときに、ベストなパフォーマンスを発揮するための力の蓄積になります。

そのために、今から私は皆さんに三つのことを話します。これは明日の入学式でもお話ししますが、在校生の皆さんにも聞いてほしいと思っています。

まず一つ目ですが、当たり前のことを当たり前にしっかりできる人になってほしいということです。

これは簡単そうに思えて実に難しいのです。例えば、「挨拶をする」ということです。例えば「掃除をしっかりと頑張る」ということです。例えば「時間を守る」ということです。挨拶などは簡単そうに思えるでしょう。でも意外とできない人が多いのです。

当たり前のことが当たり前のようにしっかりできる人は、人から信頼されます。頼りにされます。自分が伸びるための機会がどんどん増えていきます。今日から、もう一度、当たり前のことを当たり前にするということをしっかりと考えてみてください。

二つ目は、「熱い気持ち」をしっかりと持ち続けてほしいのです。中学時代の3年間は、人生における青春時代の入り口です。

何をするにしても冷めた人にならないでほしいのです。いつも心を熱く、素直にそして前向きに取り組んでください。熱い気持ちを忘れず、毎日を過ごしてください。

最後の一つは、悩みと上手に付き合ってくださいということです。思春期の中学校時代は、悩みごとも増える時期です。私もそうでした。でも、そんなとき、もし一人で解決できないようなことであれば、一人で悩まず、周りのご家族の方や先生方に相談するようにしてください。人に話すと意外とすっきりとするものです。

以上、三つです。一つ目は当たり前のことを当たり前にしっかりできる人になってほしいということでした。二つ目は、「熱い気持ち」を持ち続けてほしいということでした。三つ目は、悩みと上手に付き合ってくださいということでした。

今年度一年間、精一杯の一年にしてください。終わります。

これが生徒たちとの初めての出会いであり、生徒たちに語りかけた最初の言葉でした。本当なら、言葉の中にもあるように、「青春真っ只中です。思いっきり勉強して、思いっきり運動して、思いっきり歌を歌って、熱い気持ちで一年間を過ごしてください！」とエールを送りたかったのですが、現実はまったくの反対で、部活動の時間は制限され、大会も中止。歌うことも制限され、生徒が楽しみにしている行事も軒並み中止や延期の策がとられるという現実。本当にこれが学校なのか！　という思いでした。

このような事態の中、私の中学校長としての任務が始まったのでした。考えなければならないこと、決断しなければならないことが山積みでした。

そんな中、尊敬する一人の先輩、九州の波戸内勝彦氏からお葉書をいただきました。そこに、こんな一文がありました。

「歴史に残る大変なときを過ごしています。お互いに乗り切って笑顔で会えることを願っています」

考えてみれば、本当にそうだと思いました。もう二度と、こんなことはないでしょう。この危機をどう乗り越えていくか！　このことも私自身の貴重な実践史の一場面になるのかもしれない！　とにかく一つひとつ前向きに、課題解決に向かおうと気持ちを新たに取り組みました。

このような状況の中、生徒が戻ってくる日を楽しみに待ちました。生徒たちがいる本来の学校で、どんな毎日が繰り広げられるのか、初めての中学校生活に期待が大きく膨らんでいきました。

2　校長室を生徒たちに開放する

そうして2か月間の休業が終わり、6月、学校に活気が戻りました。やはり学校は生徒たちがいなくては話になりません。

私が生徒たちとの心を繋ぐために、まず初めに行ったことは、校長室を生徒たちに開放することでした。奮闘記3に書いたように、職員のみならず、生徒たちにも校長室を開放しました。生徒たちには、次のような話をして呼びかけました。

校長室は、いつも皆さんのために、開放しています。私に話したいことがあれば、遠慮せずに校長室に来てください。別に真面目な話ではなくてもいいので、気分転換に来てください。

ただ、こんな話をしても、なかなか来てくれないものです。校長室という所は、生徒にとって、意外と入りにくい場所のようです。

来客第一号は、3年生女子の3名でした。恥ずかしそうに、校長室をのぞいてくれました。この日を契機として、少しずつ校長室への訪問が増えてきました。生徒たちは、たわいもない会話を楽しんで、教室に戻っていきます。それでいいと思っていました。ただ、真剣な悩みを打ち明けてくる生徒もいます。そんなときは、こちらも真剣に思いを伝えました。時に卒業生ものぞいてくれました。

そんな中で、私が特にうれしかった日があります。私の誕生日です。たくさんの生徒が校長室を訪れ、祝福してくれました。このことは、生涯忘れることはありません。コラム7に、そのときの詳しい記事を載せているので、お読みになっていただきたいです。このように校長室は、生徒たちにとって、憩いの場所、心が和む場所になればといつも思っていました。

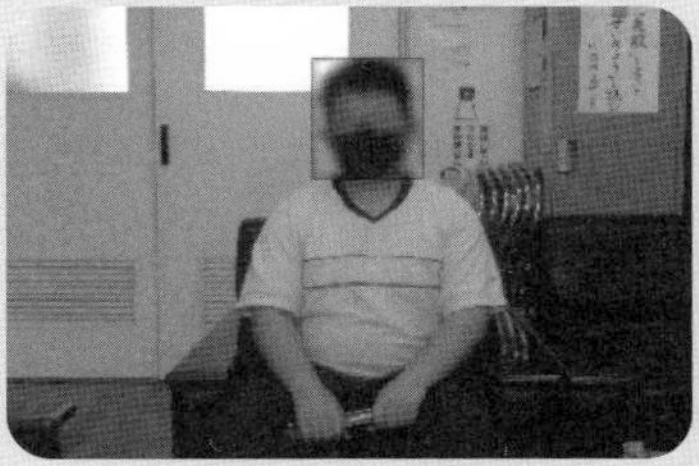

熱いハート

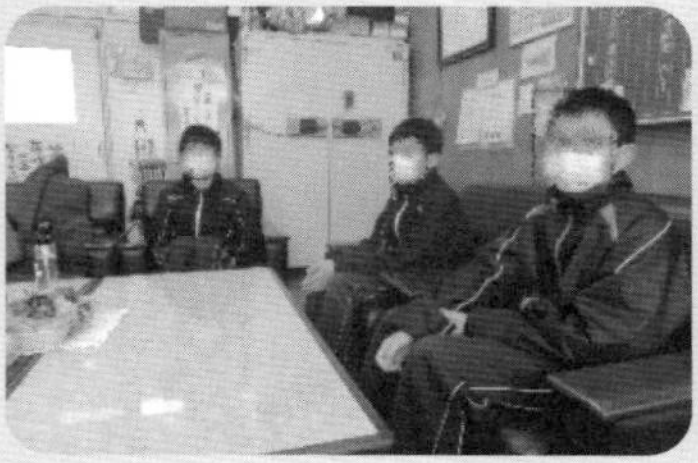

熱いハー

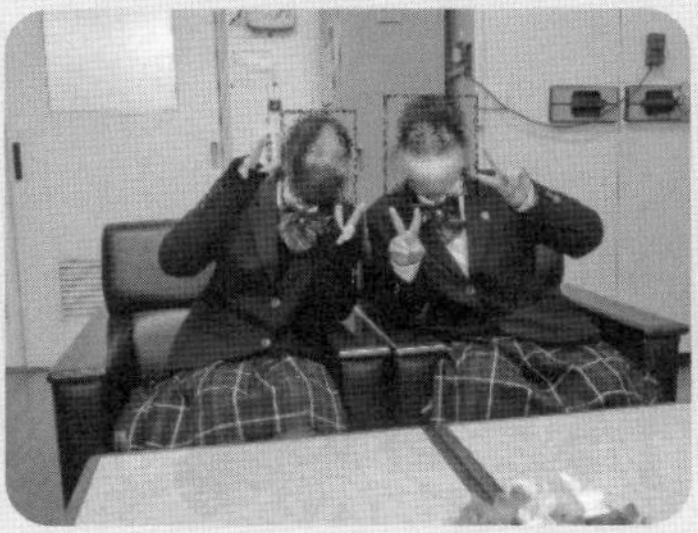

この写真は、卒業生が訪れてくれたときのものです。
卒業生が元気で頑張っている姿を見せてくれるのは、私たち職員にとっては何よりも幸せなことです。

3 全校集会でのメッセージ

本校では、全校集会がひと月に一回実施されます。原則、第一月曜日の第一校時です。そこでは毎回、「校長先生のお話」というプログラムが組まれています。

生徒たちとの触れ合う場面が極端に少ない私は、この時間を最大限、有効に活用しています。貴重な時間です。そのため、話の内容は、練りに練って準備をします。

私が、そのとき、その時期において、このことは今の生徒の実情に合っている、このことは今伝える必要がある！　と思った話を用意しました。思い付きではありません。

例えば、生徒たちが自信を無くしていると思ったときには、自信の出るような話を。生徒たちが、学校生活に退屈していると感じたときは、楽しくなる話を。そんな思いで話をしてきました。

ただそのとき、次の二つのことは必ず踏まえるようにしていました。

一つは自分の体験を踏まえること。もう一つはユーモアたっぷりに話をすることです。

話をするというよりも、生徒全員を巻き込んでの「授業」です。それは私にとって、本当に楽しい時間でした。ついついしゃべりすぎてしまうのですが、先の二つのことを意識しているので、生徒たちも、飽きずに最後まで楽しそうに聞いていました。

以下に、これまで話をしてきた中からいくつかを紹介しますが、なにぶん、文章で表現すると、その場の雰囲気が伝わりにくいのが残念です。実際は、拍手をさせたり、発言を求めたり、立たせたりするため、文章で読むよりも、かなり躍動感があります。そのことを考慮しながら、お読みいただけると有り難いです。

※本奮闘記のコラムで、私の話の最後に必ず付け加える〝決めゼリフ〟についての解説をしています。先に、そのコラム4に目を通してから、以下の話を読んでいただくと、よりわかりやすいと思います。

（1）人のよいところを見つけてほめてあげよう！【令和2年10月8日（木）】

皆さん、おはようございます。

ようやくまた体育館に集まれるようになりました。嬉しいですね。私も、またマイクを握ることができて嬉しいです。もう話したくて、話したくて…とにかく皆さんと授業をすることがありませんからね、私は…。

ところで、みんな相変わらず頑張っていますね。素敵です。でも疲れていませんか？大丈夫ですか？　疲れている人も、悩みのある人も、私が話している間は、楽しい気持ちになってほしいなと思いながら、いつも話をしています。

さて今日は、「人のよいところを見つけてほめてあげよう！」というお話をします。実は人間というものは、自分をほめられると絶大なるパワーが体にみなぎるのです。

例えばですね、1学期に3年生が校長先生のよいところを一言ずつ書いてくれたんです。それを私は、しっかりと読ませていただきました。読み終わって、私は体中にパワーがみなぎりました。全員がよいことを書いてくれているのです。何度も読み返しました。すべてのコメントが嬉しかったです。紹介しますね。(…省略…)

最後がいいですね～　よく聞いてくださいね。〝イケメン！〟

もう一度言うよ。〝イケメン！〟(笑)

なんか文句ありそうやな～！　何が、おかしいんですか！(笑)

実は校長先生は、中学校の頃は大モテでした。今でこそ、おっさんですが、当時はジャニーズ系で、超可愛かったですからね。面影あるでしょ！　中学時代は校長先生の黄金時代でした。

もうバレンタインデーの日なんか大嫌いでした。帰ろうかと思ってカバンを持つとズシッと重いんです。何かなと思って開けてみると、チョコがドサッと入っていました。まあ今でも、バレンタインの時期になるとチョコが嫌になります(笑)。バレンタインデーのトラウマです。

まあ、こんな風に、人間はほめられると嬉しいものですね。私のような年齢になっても嬉しいのですから。

さて、そこで今日は皆さんに提案です。皆さんの周りにいるお友達のよいところを見つけて伝えてあげてほしいのです。

前に話したように、人間はすぐに人の悪いところを決めつけて敬遠しがちですが、そんな風に決めつけてしまわないで、ちょっと発想の転換をして見方を変えて、お友達のよいところを、たくさん伝えてあげてほしいのです。友達からよいところを言ってもらうと嬉しいよ～ぜひ挑戦してください。

ところで皆さん、1学期は密になるほど校長室にお話をしに来てくれました。多いときには10人ほど訪れてくれました。10人ほど来ると、どうなると思いますか？　校長室の席に座れないのです。そうすると校長室の中でうろちょろして悪さをしだすのです。

3年生の○○君なんか、校長先生の席に勝手に座ってね、「この椅子、座り心地ええわ～、教室の椅子と代えてほしいわ～」と大声で言っていました。そうしたらね、突然「うわ～校長先生、こんなもの飲んでるんですか～！　わっはっは～」と大騒ぎするんです。やばいものを発見されました。これです。「おなかの脂肪を落とす 満量処方 6000mgナイシトール」です。満量処方 6000mgですよ！

念のために言いますが、私はおなかに脂肪はありません。よこに二つに割れています。横にですよ、縦ではありません（笑）。肥満予防のために飲んでいます。そこんとこ、よろしくね。

ということで、以後、密を避ける、悪さを避けるということもあって、校長室には4人まで限定とさせてもらいました。これを〝〇〇（名前）ルール〟と言います。

まだ来ていない人も、ぜひ、また校長室に来てください。誘い合って遠慮せずに来てください。1年生も2年生も3年生も、女子も男子も待っています。

それでは、クールで可愛いリスのような風貌、しかし熱いハート、新しいけど古川校長先生の話を終わります。

（2）校長先生の夏休み【令和3年9月3日（金）】

皆さん、おはようございます。夏休みの間、元気でしたか？　充実していましたか？　楽しかったですか？

7月の生徒総会で話したことですが、2021年の夏は、こんなことをした！　という思い出を、何か残せましたか？　真夏の大冒険はありましたか？

さて、夏休み前に、私の淡路島サイクリングの体験談を話しました。旅の最後の思い出に、好きな子に、告白したということを話しました。

その後、ある子に、「校長先生、あの告白、上手くいったんですか？」と質問されました。そう言えば、結果を言っていなかったなぁと思ってね、「あなたは、どう思いますか？　うまくいったと思う？」と聞いたら、「う～ん、ダメだったと思う」というので、

「なんで?」と聞いたら、「う〜ん、何となく」と言って、どこかへ行ってしまいました。(笑)

「何となく」ってどういうことやねん！　と思いました。ちょっと皆にも聞いてみよう。

「私の恋の告白はうまくいったのでしょうか」うまくいったのか、いかなかったのか、必ず、どちらかに手を挙げてくださいね。一切、遠慮はいりません。真っすぐに手を挙げてくださいね。

「うまくいったと思う人?」(※ほとんどなし)(笑)

「いかなかったと思う人?」(※大多数)(笑)

あのなぁ〜、遠慮はいらんと言ったけど、ちょっとは気を使えよ。昔は、神戸でブイブイいわしていたシティボーイですよ、私は！

まあいいや。この恋の結末については、ご想像にお任せします。(えっ〜〜〜！)

ところで、今年の夏は、コロナと雨の多さで、あんまり身動きが取れなかったですね。実は、私もそうなのです。コロナで出歩くことができない上に、雨が降り続くものですから、テンションもなかなか上がりません。

そこで、土日とか休みの日に、家にずっといて何もしないのもなんですから、いらない本や荷物の断捨離をすることにしました。断捨離ってわかりますか?　迷わずに一気に捨てることです。まあ、そうしたら出るわ、出るわ、軽トラ6回、山のように荷物を積み上げて、クリーンセンターまで往復しました。よくもまあ、こんなに要らないものが湧きでてくるものだとあきれました。普段片づけをしていないことがよくわかります。これがお金だったら！　と何度も思いました。

そんなことをして倉庫を片付けていると、昔読んだ「北斗の拳」全27巻が出てきたのです。知っていますか？　主人公のケンシロウが「秘孔をついた。お前の命はあと3秒！」とかいうやつです。

これです（実物を示す）。一巻を読み始めると、止まらなくなり、一気に27巻全部読んでしまいました。するとなぜか読み終わった後、自分がケンシロウになったつもりになって気持ちが大いにたかぶり、興奮状態になってしまいました。そして調子に乗って、先生の奥さんの頭をついて、「秘孔をついた。お前の命はあと3秒」と、ついつい言ってしまったのです。そうするとですね、逆上した妻から、反対に思いっきり、しばかれてしまいました。私の命があと3秒になるところでした（笑）。

あと、ずっと家にいてもたいくつなので映画館にも行きました。でも姫路などの映画館は密になるので、△△にある〇〇〇という映画館に行きました。そこは、だいたい貸し切り状態です。今まで、私は3回、観客が私一人というときがありました。ですから、おかしも、ジュースもマナーを気にせず、ワシワシ、ムシャムシャ、ゴクゴク、食べ放題、飲み放題です（笑）。

夏休みは、ゴジラ対コングに行ったのですが、観ている人は私を含めて3人だけでした。こちらも観終わったあと、気持ちが高ぶり、コングになったような気になりました（笑）。みんなも行ってみたら、あそこだと、おそらく密にはなりません。

ということで、私の今年の夏休みは、あっという間に終わってしまいました。みんなは素敵な夏休みであったことを願っています。

さて、今学期も、何でもお話をしに、校長室に来てください。校長室はいつでも、皆さんのために開かれています。

それでは、クールで可愛いリスのような風貌、しかし熱いハート、笑顔が可愛い古川校長先生の話を終わります。

（3）つねに好奇心を持って！【令和4年9月2日（金）】

皆さん、おはようございます。

さて、人生は何気なく生きるより、いろいろなことに好奇心を持つということが大切です。ちょっとしたことに好奇心を持つと人生が楽しくなりますよ。

バナナマンのせっかくグルメって番組、知ってますか？

2月27日に姫路の「インデアン」というカレー専門店が紹介されました。創業39年、地元の方々で連日大盛況のお洒落なカレー専門店。地元民に愛される理由は、ここでしか味わえないクセになるカレー。

そこのヤサイビーフカレーを日村さんが、めちゃくちゃ美味しそうに食べていたので、私もおおいに食べたくなりました。そこで、姫路ということもあって、食べに行ってきました。

カレー鍋に、豚骨や鶏ガラ、キャベツ、玉ねぎ、ジャガイモ、ニンジン、ニンニクなどを投入し、3時間かけてじっくり煮込む。すると旨味が凝縮されたベースとなるスープが完成。そのスープにスパイシーな自家製ルーを加え、さらに2時間煮込む。

それとは別に、大量のバラ肉を赤ワインで炒め、カレー鍋の中へ。それがトロットロになるまで2時間煮込み、そして冷蔵庫で4日間じっくり寝かさせることで旨味が凝縮したヤサイビーフカレーが完成。1100円でした。

どうですか、ここまで聞いただけでも美味しそうでしょう。食べてみたくなったでしょう。まあ、実際に食べてみると、それがまた美味しいのです。明らかに、普段、食べているカレーとは違います。私は、違いのわかる男ですから（笑）。

まあ、こんな風に、何気なく毎日を過ごしているよりも、ちょっと気になったことは試してみる、そんな好奇心を持つと人生が楽しくなりますよ。

ところで、夏休み、倉庫を片付けていると、こんなものを見つけました。カップヌードル「10年間保存計画　2000年から2010年、変わらぬ美味しさが保たれるでしょうか？」というチャレンジです。さっそく試してみようかと思ったのですが、何と今は2022年です。さらに12年経過して、通算22年の月日が流れています。

さて、これは食べても大丈夫なのでしょうか？

校長先生は、こんなこと、試してみたくなるんですね。でもね、ちょっと躊躇しています。なぜなら、10年どころか、もう22年もたってしまっているからです。

さすがに22年は、食べられないだろうと思う反面、いやいや食べてみたい！　という強い好奇心が沸き起こっています。皆さんの中には、食べてみたい！　という人もいるかもしれませんね。でも、さすがに校長先生は、皆さんに食べさせるわけにはいきません。もし、何かあれば、大変ですからね。そこで、家で校長先生の奥さんに、「どうや、食べてみない？　ものすごく美味しいよ！」と言うと、めちゃくちゃ叱られました（笑）。

まあ、いずれ校長先生が挑戦した暁には、みんなにもそのときの様子を報告しますね。皆さんも、こんな風にちょっとしたことに好奇心を持って毎日を過ごして下さいね。毎日が楽しくなりますよ。

さて、今学期もお話をしに校長室に来てください。校長室はいつでも、皆さんのために開かれています。

それでは、クールで可愛いリスのような風貌、しかし熱いハート、生徒が大好き！　古川校長先生の話を終わります。

あっ、今日は〝熱いハート隊〟の募集をします。校長先生の最後の決め台詞、「生徒が大好き！」のところ、私と一緒に、決めポーズをする人を募集します！　ぜひ、立候補してください。待っています（【コラム４】で紹介）。

（４）上津中生徒の素晴らしいところ【令和４年11月７日（月）】

皆さん、おはようございます。

今日は、最後に〝熱いハート隊〟（【コラム４】で紹介）が初登場ということで、楽しみにしていてくださいね。

さて10月が終わり11月になりました。２学期も、あっという間に後半ですね。今月は、郡の音楽交歓会やひまわりカップのマラソン大会など、色々と行事も続きますね。音楽交歓会に出場する３年生は、先日の校内音楽発表会では、私は胸を打たれ、涙が溢れそうになりました。きっとこの日も、さらに磨きがかかって、参加者の胸を打つことでしょう。

ひまわりカップでは、保護者チームも出場を予定しているようで、対決が楽しみですね。先生たちも何人か出場するようで、負けませんよ〜。

さて今日は、まずは南光小学校の運動会の話をしましょう。その運動会が終わった後、小学校の○○校長先生から電話をいただいたんです。

その電話の内容は、とても嬉しいものでした。

「中学校の生徒さんは、演技にも気持ちよく協力してくれましたし、終わった後、後片付けもしっかり手伝ってくれました。嬉しかったです」と。それで、このことは古川校長先生にも伝えておきますと話したら、生徒たちから「名前も伝えてください」と言われたそうです（笑）。

それで私、それは誰でしたか？と聞き返したら、○○校長先生、忘れちゃったみたいなんです。そこで、ここでもう一度聞きますね。それは僕たち、私たちのことだ！と思う人は、手を挙げてください。

立ちましょう。上津中学校の株を大きく上げてくれましたね。すばらしい！ありがとう。大きな拍手をしてあげて下さい。

話は変わって、今から画期的な発明を紹介します。これです。これは何かというと、ブラックボックスです（P.88に紹介）。イエローだけど、ブラックボックスです。何が画期的かと言うと、このブラックボックスは、何でも正直に教えてくれるのです。ちょっとやってみましょう。

3×5は？（※カードがひっくり返って15が出てくるようになっています）5＋2は？（※こんどは7が出てきます）どうです？　何でも正直に教えてくれるでしょう。

では、上津中学校と入れるとどうなるか？「生徒が素敵」拍手！

で、ここからは担任の先生にアンケートしてみました。

1年生を入れるとどうなるか？↓「何事にも明るく取り組むことができるクラス」

では、2年生を入れてみるとどうなるか？↓「規律正しくみんなが協力できるクラス」

では、3年生を入れてみるとどうなるか？↓「一を言うと十できる、やる気のあるクラス」

う〜〜ん、なかなか素敵ですね。拍手をしましょう！

では、ここで問題です。古川校長と入れるとどうなるか？

列の前の人、全員に聞いてみましょう。
・カッコいいです。・尊敬できる人です。・いつもいい話をしてくれます。・熱いハートです！　等々
（※本校の生徒は、実に素敵なことを言ってくれます。笑）

この中に正解があります。もう、これしかないでしょう。↓「熱いハート！」ということで、熱いハート隊（【コラム4】で紹介）の初登場の時間です。

私が、「熱いハート隊集合！」と言ったら、前に並んでください。

女子がいないのが残念です（笑）。まだまだ募集していますから、男女問わず、参加してくださいね。

では、いくぞ、思いっきり派手なポーズでお願いします。

クールで可愛いリスのような風貌、しかし熱いハート、生徒が大好き！　古川校長先生の話を終わります。

11月も何でもお話をしに、校長室に来てください。待っています。

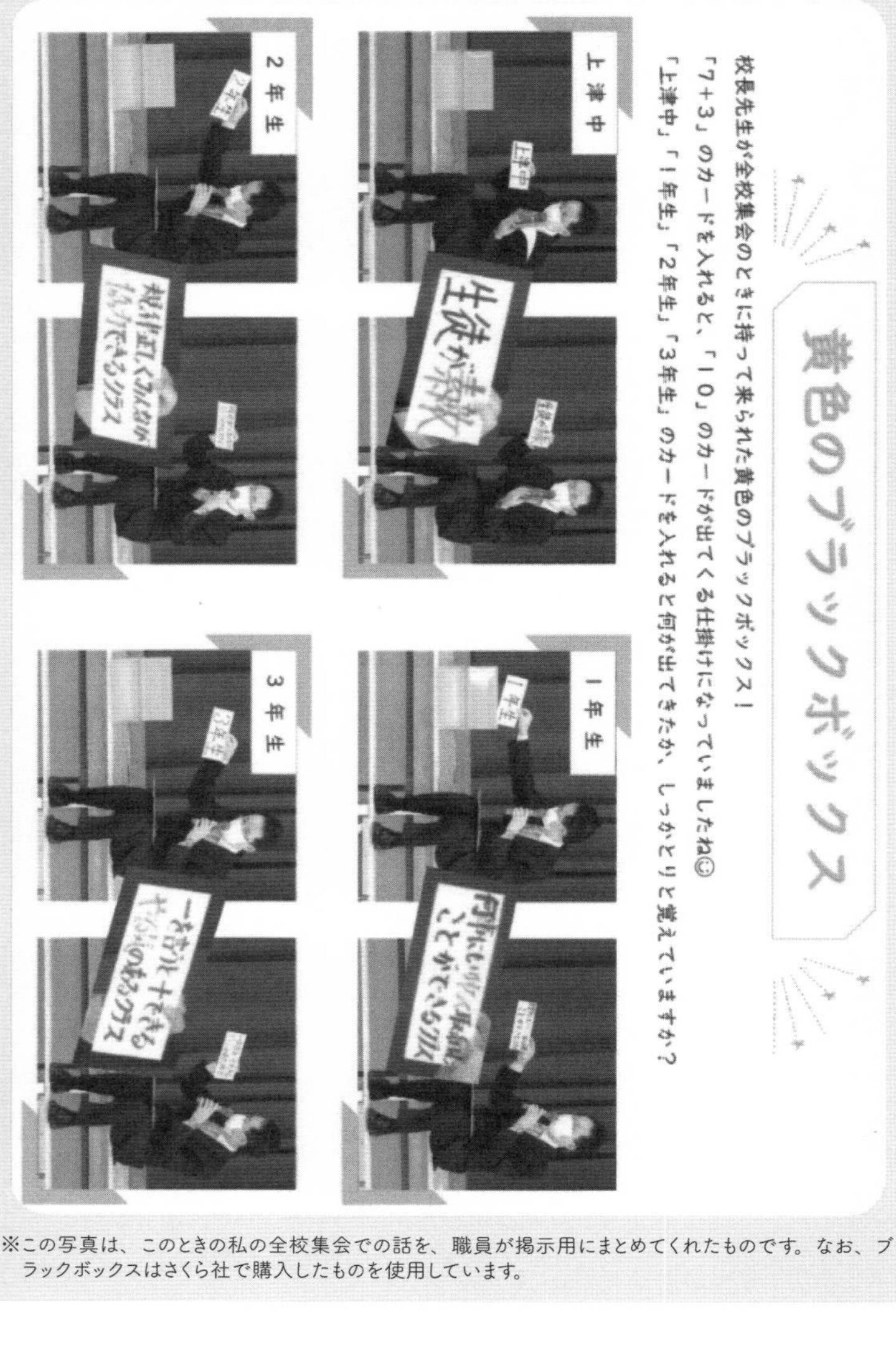
黄色のブラックボックス
校長先生が全校集会のときに持って来られた黄色のブラックボックス！
「7＋3」のカードを入れると、「10」のカードが出てくる仕掛けになっていましたね☺
「上津中」「1年生」「2年生」「3年生」のカードを入れると何が出てきたか、しっかりと覚えていますか？
上津中
生徒が素敵
2年生
規律正しくみんなが協力できるクラス
1年生
3年生

※この写真は、このときの私の全校集会での話を、職員が掲示用にまとめてくれたものです。なお、ブラックボックスはさくら社で購入したものを使用しています。

マイクで指名

具体物で説明

手品を披露

COLUMN 4

“熱いハート隊”結成！

全校集会での話を、私は大切にしてきました。その全校集会での校長の言葉の閉めに、私が必ず言ってきた決めゼリフがあります。これは次のように、1年ごとに少しずつ変化してきました。

（1年目）クールで可愛いリスのような風貌、しかし熱いハート！〝新しいけど、古川〟校長先生の話を終わります！（親父ギャグ風に）

（2年目）クールで可愛いリスのような風貌、しかし熱いハート！笑顔が可愛い（「ぺこぱ」のシュウペイポーズで）、古川校長先生の話を終わります！

（3年目）クールで可愛いリスのような風貌、しかし熱いハート！生徒が大好き（生徒考案）、古川校長先生の話を終わります！

3年目の言葉は、生徒たちに考えてもらいました。さらに、決めポーズも考えてもらったところ、これが大人気となりました（次ページの写真）。このポーズを取りながら、決めゼリフを言うのです。

体育祭後の1年生の全体写真は、全員がこの決めポーズで写真を撮りました。その後、調子に乗った私は、全校集会の私の話の最後に、私と一緒にこのポーズをする〝熱いハート隊〟を募集したところ、楽しい男子数人が立候補し、全校朝会で笑いを誘いました。

楽しむときには、おおいに楽しむことが大切です！

熱いハート隊

奮闘記5

保護者の気持ちを掴む

―何よりも率直に、そして誠実に伝えること―

1 言葉の力を大切にする

職員や生徒たちとは学校で接することができます。そのため、少なくとも私の姿を示すことができます。ただ保護者はそうはいきません。私の人となりを知ってもらうには〝言葉〟しかありません。

私の中学校長時代は、まさしくコロナ禍のど真ん中、保護者と出会う機会は、ますます少なくなっていました。ほとんどないと言っても過言ではありませんでした。そんな中で、数少ない保護者との出会いを生かすには、そのとき、発する言葉を大切にするしかありません。

そのため、保護者の前で話す機会があるときは、時間をかけて準備し、そのときに備えました。話す内容は原稿に書き、必ず第三者の目を通します。そして何度も練習しました。短い言葉は、できれば原稿なしで言えるようにしておきます。保護者の気持ちを掴むには、この方法しかなかったのです。

そんな数少ない保護者へのメッセージをいくつか取り上げ、以下に紹介します。

(1)令和元年度「PTA総会」

PTA総会は、本来ならば私が校長として在籍している4年間、毎年行われているはずなのですが、コロナのために保護者に集まっていただくことができず、結局、実施できたのは令和元年度の1回だけでした。

後の3回は、誌面上で私の方針を伝えるという方法を取らざるを得ませんでした。その1回だけの「ＰＴＡ総会」での私の話を次に掲載します。

風薫るすばらしい季節となりました。日頃は、本校の教育活動に対して、温かくも深いご理解とご支援をいただき、心よりお礼を申し上げます。

本年度、校長を務める古川光弘と申します。昨年までは、教頭をしていました。私事になりますが、神戸で生まれ育った私は、今から33年前、大学を卒業して、この三河小学校に新任教師として赴任しました。それから7年間、本校に努め、教師としての基礎基本を徹底的にたたき込んでいただきました。そのとき、まさか、自分が本校最後の校長として、この三河小学校を閉じる役目を負うなんて、夢にも思いませんでした。運命的なご縁を感じています。

この1年は、すべての行事が最後の行事になります。一つひとつの行事を丁寧に行い、毎日を大切に過ごしながら、思い出深い1年間にしていきたいと思います。

では、少しお時間をいただいて、本年度の本校の教育についてのあらましといくつかのお願いをさせていただきます。

先ほども申しましたが、本年度、最後になるということで、基本的な方針は、前校長の方針を引き継ぎます。学校教育目標は、「自ら学び、高め合う、三河っ子の育成」です。

課題に対して、積極的に挑戦し、自ら学び、そしてお互い切磋琢磨しながら高め合う三河っ子の育成を目指していきます。そして、その結果、子どもたちが、学ぶ楽しさを実感し、夢を育むことができるような、そんな学校を目指していきます。

ここで、いくつかのお願いごとをさせていただきます。

まずは、お子様のよさを見つけ、たくさん誉めてあげてください。誉めることにより、自尊感情を高め、たくましい子に育てていただきたいと願っています。

一つ例をあげますが、例えば将来、受験に合格できるような子どもに育てることはむろん大切でしょう。でも、私は、それよりも、もしも仮に、受験に失敗したときに、歯を食いしばって立ち上がっていくことができるような、そんなお子さんを育てていただきたいと思っています。

そんなたくましさの源は、自尊感情です。自分で自分のことが好きになれば、自分を大切にするし、他人も大切にするようになっていくと思っています。自分のことが好きになれば、うまくいかないことがあっても、自分を信じて立ち上がることができます。

どうか、お子さんのいいところをたくさんたくさん見つけて、誉めてあげてほしいと願っています。身近な家族からの誉め言葉は、子どもたちにとって、絶大なる心理的パワーになります。どうか、そんな誉め言葉で自尊感情を高めてあげてください。ただし、このことは甘やかすことではありませんので、そこは履き違わないようにお願いします。

次に、担任の先生方のよいところをたくさん見つけていただきたいと願っています。本校の職員は、経験豊かで実績のある方ばかりです。お子様には、「先生、やっぱりいいこと言うよね」とか、「さすが、先生のすることって凄いよね」というように、事あるごとに、担任の先生のよさを、たくさん話してあげてほしいと願っています。

なぜなら、お子様が、担任教師を信頼すると、力以上の伸びが期待できるからです。反対に、お子様が、担任教師を信頼しなくなると、伸びる芽を自ら摘み取ってしまいます。私たち、大人も同じです。同じことを言われても、信頼している人に言われると、心にストンと落ちるものです。反対に、いくらよいことを言われても、嫌な人から言われたら、素直に受け入れられないものです。何を言われるかと言うよりも、誰に言われるかなのです。どうか、担任や学校の善意を信頼していただきたいと心から願っています。

子どもたちには、この1年、全員で〝令和三河丸〟という大きな船に乗って、助け合い、励まし合い、そして色々な思い出を残しながら、目的地までいくよ！と話しています。三河小学校いじめ防止基本方針に基づき、本校からは、いじめのような悲しい事実を、決して出すことなく、子どもたち40人と最後まで、しっかりと思い出深い旅を続けたいと思います。

33年前、いい先生になろう！　と、三河小学校に初めて足を運んだときの熱い気持ちは、今でもまったく衰えていません。

この1年、精一杯、令和三河丸を進めていきます。そして、感動一杯で、三河小学校を閉じたいと考えています。どうか最後まで、絶大なる御支援、ご協力をお願い申し上げます。


この話の中で、私は、次の3つのことを必ず伝えたいと思いました。

まずは、閉校する学校を素敵な思い出と共に、終わらせたいということ。

次に、子どもたちの自足感情を育てることにより、苦しい場面に出会ったとき、歯を食いしばって頑張れる子どもたちの育成を目指したいということ。

最後に、子どもたちの前では、学校や担任のよさをたくさん話してほしいということ。

特に最後の3つ目は大切で、このことを始めにきちんと話しておくと、保護者は子どもの前で、学校や教師の悪評を慎んでくださるようになります。

（2）令和2年度「校内音楽発表会」

あとの奮闘記7に、詳しく書いているのでお読みいただきたいのですが、〝本校史上最大級の危機〟の後は、様々な対応に追われました。そんな中で、授業時数の確保は、大きな課題となりました。

その〝上津危機〟の後、初めて保護者の前で説明する機会が与えられたのが、「校内音楽発表会」での校長の話になります。そのときの私の話を次に掲載します。保護者が一番心配している授業時数の確保について理解を求めています。

PTAの皆様におかれましては、春からのコロナ騒動で、色々とご理解とご協力いただいていることに心からお礼を申し上げます。

さて、私は、毎日のように全学年の授業を見に行くのですが、そんな落ち着かない中でも、生徒たちは、いついかなるときも、集中して授業に取り組んでいます。私は、上津の生徒たちは、本当にすばらしい！　と、どこへ行っても自慢しています。

ところで、本年度は、春からのすべての行事の実施検討、内容検討が必要なり、私の頭もずっとフル稼働状態であります。

まずは、一番大切な授業の遅れに対する対策ですが、これは既にプリントにてお知らせした通り、夏休みの短縮は言うまでもなく、水曜日の完全6校時化、給食終了後の特設授業、さらに、3年生は平日7時間授業と、受験に向けて猛追体制に入っています。

とにかく教職員総力を挙げて、精一杯の授業を展開してまいります。これらの対策により、2学期終わるまでには、通常の進度まで追いつくことができる予定ですので、どうぞご安心ください。

行事の方も、例年通りというわけにはいきませんが、中止という決断は最終手段として、今の段階で、できる限り実施していくつもりです。

今日の音楽発表会、そして日曜日の体育祭もその一つです。感染防止対策を取りながらの実施ということで、普段とは、少し形式を変えて行いますが、ご了承ください。

今日の音楽発表会もマスクを取って思いっきり歌わせてあげたいのですが、今回は、このような事情をご理解いただきたいと思います。

これから先も、平素の学校運営と同じことはできないとは思いますが、感染対策を十分行ったうえで、できる限りのことはしていく覚悟でいます。ＰＴＡの皆様におかれましては、今年度下半期も、いろいろとご心配をおかけすると思いますが、どうか、ご協力、よろしくお願いいたします。

本日は音楽発表会に引き続き、講演会、懇談会と続きますが、有意義な時間になることを願っています。

以上、簡単ではありますが、これまでの経過の報告とご挨拶とさせていただきます。


この話の中では、私は、時期的に見て次の二つのことが重要だと考えました。

まずは、先にも書きましたが、保護者が一番心配している授業時数の確保についての理解です。

兵庫県の方針で、現状入試範囲を狭めないという発表がなされ、保護者の中に、このままで入試は大丈夫なのかという心配が一番に出ていました。そのため、保護者を安心させるためにも、このことはしっかりと伝えておく必要性を感じました。

次に行事も、感染対策を十分行った上で、できる限りのことはしていきたいということを伝えました。

コロナ禍の中で、行事を行うには、感染のリスクと裏表です。しかも、本校では、すでにその危機を体験しているため、勇気のいる決断になりますが、それでも私は生徒たちにとって、学校行事は大切だと思っていたのです。

（3）令和4年度「佐用町音楽交歓会」

校長最後の年、令和4年度の校長会の輪番で「佐用町音楽交歓会」の閉会挨拶をすることになっていました。せっかくこのような機会をいただいたのですから、少しでも心に残るメッセージを伝えたいと考えました。

この大会に出場するのは、町内の3年生です。3年間のコロナ対応に対する労いの言葉を次のように伝えました。

（冒頭のご来賓に対しての挨拶は省略）

さて、3年生の皆さん、素敵な合唱でした。今も皆さんの声が体の中を駆け巡っています。

皆さんは、中学校入学から3年間、コロナの影響を一番多く受けた学年です。色々な制約があって、十分な活動をさせてあげられなかったこと、私も残念でなりません。コロナ禍の中で、悩んだり、つらかったりしたことも多かったと思います。

夏の高校野球で優勝した仙台育英高校の須江監督が言っていました。青春は密なんですと。私もそう思います。と同時に、それがすべてではないとも思います。

「会いたい、話したい」でも、大好きなゆえに、愛するがゆえに、会いに行かない、行けない、そんな究極の優しさから生まれた孤独感。そんな思いやりの孤独感の中で、皆さんは、友達と活動を共にすることができない寂しさを感じたことでしょう。

でも皆さんは、そんな中でも、できることを一生懸命考え、工夫し、そして想像してきました。このことは、皆さんの大きな力になっていると私は信じています。

どうか、これから先、つらく息詰まったときには、この中学校生活3年間、コロナ禍の中で頑張ってきたことを思い出し、苦しい局面から一歩踏み出す勇気を忘れないでください。皆さんの未来が素敵な未来であることを心から願っています。

生徒の皆さん、心のこもったすばらしい合唱をありがとうございました。そして保護者の皆様、本日は、生徒たちの応援、ありがとうございました。最後に4校のお互いの健闘をたたえ合い、ここにいる全員で大きな拍手をしましょう！
以上を持ちまして、佐用郡中学校音楽交歓会を終わります。

ここで話をしたかったことは、ただ一つ。コロナ禍で頑張ってきた町内3年生に対する労いです。

青春は密なんだけど、それがすべてではない。コロナ禍の中で、思いやりの心を育みながら、ここまで頑張ってきた3年生。この経験は、きっと将来、自分の人生に活かされてくるはずだということを伝えました。

（4）令和4年度「卒業証書授与式」

最後に、私の最後の卒業式での言葉を紹介します。私自身、この37年間のことを思い返し、万感、思いを込めて、卒業生に伝えた言葉です。

上津ヶ丘を吹く風に、あたたかな春の到来を感じる今日の佳き日、町当局から〇〇〇〇副町長様、佐用町教育委員会から〇〇〇〇教育委員様、そして上津中学校評議員の皆様、保護者皆様のご臨席を賜り、令和4年度　卒業証書授与式を挙行できますことは、私ども、教職員にとって、この上ない喜びであります。

中学校3年間の課程を修了し、本日、上津中学校を旅立つ20名の卒業生の皆さん、ご卒業おめでとうございます。

3年前、皆さんと私は、共に上津中学校に入学・着任しました。その後、共に過ごした3年間は、皆さんにとって、決してたやすい道のりではありませんでした。

入学式直後には、いきなり2か月間、コロナウイルス感染症への対応のため学校は休業となりました。再開後の学校生活も、様々な制約を受けることとなり、十分な活動をすることができませんでした。長く続いたコロナ禍の中で、悩んだり、つらかったりしたことも多かったと思います。そんな厳しい状況での3年間ではありましたが、皆さんは、この上津中学校を懸命に支えてくれました。限られた条件の中で、悪戦苦闘しながらも今できることを一生懸命考え、工夫し、そして新しいものを生み出してきました。

特に3年生に進級してからは、持ち前の前向きな力で学校を元気づけてくれました。体育祭学年対抗リレーやひまわりカップマラソン大会で見せた完全優勝！　佐用町音楽交歓会で披露した心震わせる合唱、初めて行なった南光小学校での掃除レクチャーや徳久駅前の清掃活動、そしてトルコ・シリア大地震への義援金活動など、その活躍には目を見張るものがありました。今年度1年間、上津中学校が活力に満ちていたのは、皆さんのやる気がもたらしたものであることに間違いはありません。

卒業生の皆さん、卒業してからも、今の熱いハートを忘れず、全力で邁進してください。皆さんが、進んでいくこれからの未来が、激しく、そして豊かで、充実したものであることを心から願っています。

「別れがあるから人の世は美しく、出会いがあるから人の世は素晴らしい」

私の大好きな言葉です。

よく考えてみると、私たちの人生は、出会いと別れの連続で成り立っています。本当に不思議な出会いと別れの連続が「今」をつくっているのです。卒業という大きな節目を迎えた今、改めて、皆さんを取り巻くすべての人々を思い浮かべてみてください。

この3年間の学校生活の中で、時には、いろいろなことがうまくいかず、悩んだ日々もあったと思います。でも、そんなときにも、温かく見守り、根気強く支えて下さったご家族の皆さんがおられたことを忘れないでください。壁にぶつかり前に進めなくなったとき、ご家族の皆さんは、一緒に悩んで下さったことでしょう。嬉しいことがあったとき、一緒に喜んで下さったことでしょう。

そして学校では、先生方がいつも寄り添って下さいましたね。特に○○先生は1、3年生の担任、そして2年生の副担任として、皆さんに3年間、関わっていただきました。○○先生は、いついかなるときもあなたたち、20人、全員のことを大切にしておられました。その包み込むような優しさは私にも伝わってきました。○○先生との思い出は、きっとこれからも皆さんの支えとして心に残ることでしょう。

さあ、今こそ、一期一会の出会いに感謝の心を表すことを忘れず、心から「ご家族の方に、ありがとう」「先生、友だち、ありがとう」そして、「すべての出会いにありがとう」を言って下さい。自分につながるすべてに感謝しつつ、夢に向かって、大きくはばたいて下さい。

保護者の皆様、お子様が立派に中学校を卒業されますことを心よりお祝い申しあげます。中学校卒業という節目を迎えられ、これまでのご苦労も大きな喜びに変わっていることと存じます。

この3年間、本校の教育活動に格別のご理解とご協力をいただきましたことを、全職員とともに感謝いたしております。これからも、お子様が健やかにたくましく成長されますようお祈り申し上げます。

卒業生の皆さん、さあ、いよいよ旅立ちです。

暑い中、汗を流しながら、一生懸命ひまわり栽培に取り組んだこと、一喜一憂しながら最後まであきらめず部活動に励んだこと、日々の様々な活動の中で、皆と力合わせてチームワークを培ったこと、そんな思い出の数々を生涯、大切にしてください。

皆さんと一緒に行った九州長崎への修学旅行、そのとき見たグラバー園からの輝くような青い海、夜のハウステンボスに浮かび上がった幻想的なイルミネーションの美しさ、そして皆さんと過ごしたコロナ禍の3年間は、私自身も生涯忘れることはないでしょう。本当に3年間、ありがとう。

どうかこれからも生徒会スローガン「Always Be yourself」のもとに、自分らしさを忘れず、己を信じて、可能性を追い続けてください。皆さんの輝ける未来に幸多からんことをお祈りして式辞といたします。


このメッセージには、私が大好きだった生徒たちへの思いをすべて込めました。同時に、37年間の教師生活を頑張ってきた私自身へのメッセージも込めたつもりです。

途中、感極まり、涙が出そうになりました。

2 学校通信は、思いを率直に伝えるもの

校長として着任してから、学校通信を定期的に発行してきました。

三河小学校時代は月に一度。上津中学校時代は月に二度ずつ発行を続けてきました。

内容は、誌面の冒頭で、そのときその季節に応じた私の思いを率直に伝え、後は児童生徒が学習や部活動で頑張ってきた足跡をタイムリーに掲載してきました。行事予定などは書くことはなく、それは学級担任からの連絡に任せることにしていました。

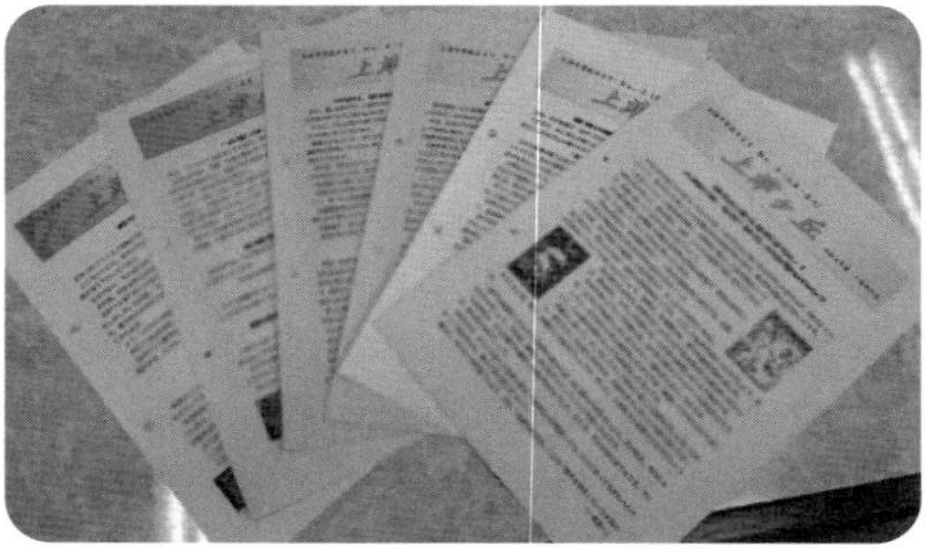

学校通信「上津ヶ丘」

とにかく学校通信は、私の思いを保護者に率直に伝えることのできる唯一のアイテムであるため、何度も推敲しながら大切に綴ってきました。上津中学校では、3年間で通算63号まで発行することができました。

110ページから、その学校通信の何枚かを掲載します。その通信を発行した意義や工夫についても、つけ加えています。

※誌面上の教師、生徒の氏名などはすべて記号に置き換えていることを付記しておきます。

3 保護者からのメッセージ

卒業式を控えたある日、3年生のほぼ全員の保護者から、この学校だよりに対する感想が届けられました。

もちろん、担任の計らいがあったのは間違いないのですが、それでもこんなふうにたくさんのメッセージが届けられたことには感動しかありませんでした。

上津中学校だより

『上津ヶ丘』を読んで

令和４年度卒業生保護者

保護者からの感想集

その一枚一枚を丁寧に読ませていただいたのですが、そこに込められた保護者の思いを知ることができたことは、私にとって、この上ない幸せな事でした。

やはり、「言葉」というものは届くものなのです。そんなことも、改めて感じたできごとでした。

昔から、「笑う門には福来る」って言いますよね。幸運の女神は、愚痴をいったり、悪口を言ったりする人からは、即座に離れてしまいます。

だからネガティブ思考はダメなんです。いつも前向きな人に運は訪れます。

ディズニーランドでは、「とっておきの笑顔ができるキャスト」を駐車場に配置しています。それは、創業者のウォルト・ディズニーが、「駐車場のキャストは、ゲストがディズニーランドにきて最初に出会うキャストだ。だからこそ、最高の笑顔をゲストに提供できる人間を配置しなくてはならない。」と、言ったからです。サービス業における第一印象の大切さを重要視する経営者の言葉です。

マクドナルドのメニューに、スマイルってありますよね。知っていますか？

０円です。メニューにもスマイル０円って書いています。私、頼んだことありますよ。「スマイル下さいって！」そしたら、思いっきりの笑顔を見せてくれて、私の心はとろけました。そして私の鼻の下が、びよ〜んと伸びて、その日一日、幸せな気持ちになりました。

中には、スマイルビッグサイズとか、スマイル３つ下さいというような無茶な事を言ってくるお客さんもいるそうですが、嫌な顔一つせずに、笑顔を提供してくれます。

実は、笑顔っていうのは、楽しかったり、面白かったりするから出るのではないのです。人生というものは、笑うから楽しくなるのです。「笑う門には福来る」ですよね。

ちょっと練習してみようか。みんな思いっきり笑ってみてください。

せ〜の、はい！（笑）　どう、楽しくなったでしょう！

つまり、私が言いたいのは、しんどい時とか、つらいときにこそ、笑顔を作ってほしいのです。まだまだ、自分は頑張れる！　と思えるからね。

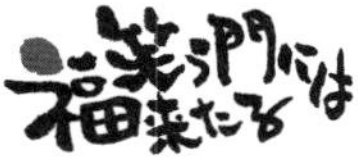

ということで、コロナや受験や、日々嫌な事もあるでしょう。でも、そんな時にこそ笑顔を忘れず頑張ってくださいね。』

入試は、順調に進んでいます。

コロナの影響も受けることなく、現在、順調に3年生の入試のスケジュールが消化されています。岡山、そして県内の私学の入試が終了し、明日は、公立高校の推薦入試です。引き続き、体調に気を付けて、全力で頑張ってほしいと願っています。

おでこ・ピッカリン君　登場！

校長室の新しいお友達を紹介します。○○先生が私のマスコット人形を作ってくれました。名前は、「おでこ・ピッカリン」君です。

触ると首がクネクネと動きます。マスクもしています。取ってみると、とっても可愛いです。

校長室の机の上に置いています。機会ありましたら、のぞいていただけたらと思います。

※この号は、2月中旬発行号なので、思春期の生徒たちに、ユーモラスなバレンタインデーの話題を届けました。

【No.19】バレンタインデーのドラマ

上津中学校だより　No. 19（文責・古川）

上津ヶ丘

令和２年度　２月増刊号

バレンタインデーのドラマ

昨日、２月１４日は、今や国民的行事となったバレンタインデーです。きっと全国各地で、いろいろなドラマが繰り広げられたことでしょう。

もちろん、生徒たちにとっても、この日は特別な日なのです。特に男子は、大きく明暗が分かれます。

私は、子どもたちが書いたおもしろい日記などは、コピーをして、できるだけ手元に残しておくようにしています。そのようにしておくと、その子たちと再会する機会があった時など、いろいろな時に役に立ちます。

ところで今からかなり前になりますが、担任していた６年生に、次のような日記を書いてきた子がいました。

《バレンタインデー》

明日は１４日、バレンタインデーです。いやだなー。もてない男にとっては最悪の日ですね、先生。バレンタインデーを考えた人を恨みます。もともと昔からあったとは思いません。本当に誰が作ったのか…　まぁ、せいぜい僕は２個ぐらいですよ。おばあちゃんとお母さん…なさけない。

恵まれない子に愛の手を。誰かください。もてる子はいいですね。最高の日ですよ。これほど明暗を分ける日があるのでしょうか。

先生は誰からもらえますか。先生は自分で“もてる、もてる”と言うけど、今まで見た中で、そういう人に限って、もてないんですよ。

光ゲンジなんか、昨年もらったチョコレートをアフリカの人たちに寄付したというぐらいだから、すごい数です。ぜひ分けてください。

※　子どもには、子どものドラマがあるのですね（笑）。

学校長　古河　光弘

笑顔を大切に！

２月１日に全校集会がありました。その時に次の話をしました。生徒たちに話したことの概略を書きます。

『さて、明日は節分です。恵方巻を食べて福を呼び込む方法もありますが、お金を使わず、もっと簡単な方法で福を呼び込むことのできる方法を、今日は紹介しますね。

それは笑顔です。今日は、笑顔について話します。

やっぱり私は、人の笑顔って素敵だなぁ～と思います。疲れている時、笑顔を見ると、何よりの薬になります。廊下など歩いていて、すれちがう時、ちょっと微笑んでくれる人がいます。心が和むので、本当に嬉しい気持ちになります。

（→裏面へ）

—ドラマ「熱中時代」の思い出—

新しいALT（外国語指導助手）の先生は、〇〇先生！

今年度から、新しいALT（外国語指導助手）の先生として〇〇先生をお迎えしています。
東京生まれ、その後、ＵＡＥやマレーシアなどで生活され、現在に至ります。とっても明るくて楽しい先生です。
初対面の日に、「コウチョウセンセイハ、ワカイデスネ、ガクセイサンノ　ヨウデスネ」と言われ、ちょっぴり舞い上がりました（笑）。一年間、よろしくお願いします。

今年度の「トキメキ講座」、始まる！

上津中と言えば、「ひまわり」。「ひまわり」と言えば上津中！

今年度の「トキメキ講座」（ひまわり栽培活動）が始まりました。昨年は、４．５月がコロナ休業でしたので、職員でポット植えなどをしたのですが、今年は生徒たちが全て行っています。

５月１１日（火）には第一回目、そして１８日（火）には第二回目の全校「トキメキ講座」が開かれました。その様子を見ていたのですが、どの子も一生懸命取り組んでいました。誰も遊んだりする子はいません。本当に感心します。１年生も一生懸命頑張っていました。そんな中でも、３年生は、色々な面でリーダーシップを発揮し、実に頼もしいです。

そんな生徒たちの活動を陰で支えてくださっているのが、スクールサポートスタッフの〇〇先生です。時間があれば、畑に行って手入れをしてくださっています。

「トキメキ講座」は、約１０回ほど全校での活動を計画しています。夏には立派に花を開かせた“世界のひまわり畑“を見ることが出来るでしょう。その時には、ご家族でまた足を運んでいただければ幸いです。

（※　「トキメキ講座」の様子は、またこの紙面で報告させていただきます。）

↑　班の決意
「四文字熟語」発表

↓　話を聞く態度も
立派です。

※　２４日（月）～２５日（火）の中間考査が終わりました。
初めての１年生も頑張りました！

※この号は、私が教師になるきっかけとなった「熱中時代」というドラマのエピソードを書きました。このエピソードは、37年間、忘れることはありませんでした。

【No.25】「させる」ためには「させない」法則!?

上津中学校だより　No. 25（文責・古川）

上津ヶ丘

令和3年度　6月号

「させる」ためには「させない」法則！?
―ドラマ『熱中時代』の思い出―

私が高校生のとき、“熱中時代”という小学校を舞台にしたドラマが放映されていて、私はそのドラマを見て教師になりたいと思いました。最終回視聴率が４５％越えの超人気番組でした。

その“熱中時代”の北野先生（水谷豊）は、宿題を出しませんでした。北野先生にあこがれて教師になった私は、今から３５年前、着任した三河小学校の３年生に、北野先生のまねをして、“宿題なし宣言”をしました。

子どもたちは大喜びでしたが、『今度の新任は何をするんだ！』と、各家庭の方では大きな動揺があったようです。何人かの保護者は直接に交渉（抗議？）に来られましたし、家庭訪問に行けば『先生、宿題のことですが…』と、やんわりご提言いただきました。

ただ私も“言われて方針を変える”というのも嫌でしたので、『できません。子どもたちにも約束しましたから！』とお断りしたことを覚えています。(当時は、若さゆえの向こう見ずなところがありました。今だったら、そこまで言えません…笑)

さて、これからがおもしろいのです。宿題なしをそれでも１か月ほど続けたころ、子どもたちが言うのです。『先生、お母さんが、やっぱり宿題出してほしいなあ～って言っています。』『私の家でも言ってました。』『僕も…』

そこで私、「じゃあ、みんなに聞くけど、みんなはどうなの。宿題出してほしいの？」と問いかけました。それに対する子どもたちの反応は、なんと“宿題がないと勉強しなくなるので宿題を出してください”というものでした。「宿題を出してほしい人？」と挙手させると、ほとんどの子が手をあげるのです。これは驚きでした。

以後、私は担任をやめる時まで宿題を出し続けました（笑)。この思い出は、“させる”ためには“させない”ことも有効なんだなと感じた新任時代の懐かしい思い出です。

ところで、コロナで外出が出来ないという事もあって、この機会、通販で取り寄せて、“熱中時代”というドラマをもう一度、全て見直してみることにしました。

やはり、何度見ても素敵です。ずっと見ていると、いつの間にか心が熱くなっています。最終回、別れのシーンは、涙なしでは見ることができません。若かりし時の水谷豊さんが躍動しています。私自身の立場が変わったせいか、校長役の船越英二さんの言葉も心に響きます。これを機会に、もう一度、初心にかえり、新任当時、北野先生のようになりたい！　と思った熱い気持ちで、また６月も頑張って行こうと気持ちを新たにしています！

学校長　古河　光弘

※　緊急事態宣言が延長されるということが言われています。学校も対応に追われます。引き続き、感染対策には十分に気を使っていただきますようお願い致します。 (→裏面へ)

―「だまされてあげる」ことの大切さ!?―

9月3日、役員任命式がありました。

9月3日は、第2学期学級役員の任命式があり、以下の生徒が役員として任命されました。

私が、役員に願うことは、クラスの皆が一緒にいて居心地のいいクラス、ほっとくつろげるクラス、そんな安心できるクラスを創り上げることです。この2学期間、ぜひともリーダーシップを発揮し、クラスをまとめ上げてほしいと期待しています。

第1学年	…	学級委員長…○○○○○	学級副委員長…○○○○○
第2学年	…	学級委員長…○○○○○	学級副委員長…○○○○○
第3学年	…	学級委員長…○○○○○	学級副委員長…○○○○○

9月19日、無観客の大熱闘!!!
校内体育祭のドラマ

9月19日(日)は、上津中学校史上、おそらく最初で最後の無観客の体育祭となりました。

保護者の皆様に対しては、本当に申し訳ない気持ちで一杯ですが、緊急事態宣言下の今の現状をご理解いただき、お許しいただきたいと願っています。

考えてみれば、オリンピックも夏の全国高校野球も無観客でした。そんな中でも、すばらしいパフォーマンスが繰り広げられました。上津中学校の体育祭も同じでした。誰も見ていない所でも、当たり前のことを当たり前に、精いっぱいやるのが、上津魂です。

今年の体育祭の大会スローガン、「獅子奮迅、熱き心よ、燃え尽きるまで」の言葉通り、熱いハートを燃やし切り、生徒たちのド根性で、すばらしい演技が続きました。本当に素敵な、日本一の体育祭だったと思います。当日の様子は、後日検討の上、何らかの方法で、ご家庭へお届けしたいと考えています。

(※　保護者の皆様におかれましては、「無観客」という現状を、一つの問い合わせもなく、受け止めていただき感謝の気持ちで一杯です。いつも暖かく上津中学校を見守っていただき、心から感謝を申し上げます。本当にありがとうございます。)

※この号は、以前、私が見たドラマのワンシーンで、とても心に残った内容を、取り上げました。「時に、だまされてあげる」ということは、その後、私の指導の大切な指針ともなりました。

【No.31】人は、なぜ「まばたき」をするのか？

上津中学校だより　Ｎｏ．３１（文責・古川）

上津ヶ丘

令和３年度　９月増刊号

人は、なぜ「まばたき」をするのか？
―「だまされてあげる」ことの大切さ!?―

ずっ～～～と前、20年ぐらい前になります。竹野内豊さんが主演で、『世紀末の詩』というドラマが放映されていました。そのドラマは、ドロップアウトした大学の教授（山崎努）と結婚式で恋人に逃げられた若者（竹野内豊）の出会いから始まりました。その二人の掛け合いが、大変面白かったのですが、そのドラマのある回が、私の脳裏からずっと離れないのです。

その回は、一人の小学生の男の子が出てきました。その小学生は、何をやってもダメで、跳び箱を跳べば失敗し笑われ、好きな女の子からは全く相手にされません。すっかり自信をなくしたこの子は、次第に友だちの悪態を書いた新聞を密かに配るという反社会的な行動をとるようになります。

担任の先生から、この悪態新聞の話を聞いた先の二人は、密かに調査し、この犯人、つまりこの小学生を突き止めます。さて、この後どうなったか…

何を考えたか、大学の教授は、職員室から次のテストの問題を盗み出し、この子に答えを教えます。その結果、テストは100点で、この子は友だちに見直され始めます。それがもう一度繰り返され、一気にクラスの注目の的になります。

そこで、この子は３度目のテストをもらいに教授の所に来るのですが、教授は次のように言って立ち去ります。『もう終わりだ。この後、お前は前のように点は下がり、カンニングの事がバレ、ますます皆に馬鹿にされるようになるのだ！』と…。しかし、それが嫌なこの子は、この後、猛烈に勉強を始めるようになり、そして見事、結果を残します。

しばらくして、事の成り行きを知った担任の先生は、その教授に、何でそんなことをしたのか！　と詰め寄ります。そして、“ダメなことはダメ”で、事態を公表すべきだと主張します。

そこで教授の言葉です。「先生、人間はなぜ、「まばたき」をするのか知っていますか？時に過ちから目をそらすためにです。見えないふりをしてやることも大切な教育じゃないですか。その子が、やる気を出しているんだから、それでいいでしょう。』

う～ん！　過ちを正すだけが教育じゃない。たまには、子どもにだまされてやる（知らぬふりをしてやる）ことも一つの教育なのかもしれません。今でも、ふっとこの事を思い出すときがあります。強く印象に残るエピソードです。

学校長　古河　光弘

「緊急事態宣言」が延長され・・・

兵庫の「緊急事態宣言」が延長され、学校も、なかなか思うように進みません。

本当に情けない限りではありますが、嘆いていても仕方ありません。この状況下で出来ることを、精一杯進めて参ります。皆様には、ご無理ばかり申し上げているのですが、もうしばらくの間、ご理解いただきますよう、どうかよろしくお願い申し上げます。（→裏面へ）

その地震では６４００人の命が無くなったのです。町は倒壊し、高速道路は倒れました。列車も脱線して横転しました。

その後、２０１１年に起こった東日本大震災は、さらにひどいもので、約２万人の命が失われました。佐用町だといっぺんに飲み込まれていたでしょう。

つまり、災害に終わりはないのです。いつ起るか分からないのです。

大切なことは、自分の命は、自分で守るということです。

「死ぬ」という事は、全てを失うことです。大切な命を絶対に粗末にしてはいけません。

谷川俊太郎さんの「生きる」という詩を知っていますね。そのはじめを読みます（紙面の都合上、これは省略します）。

生きている素晴らしさが語られています。私が６年生を担任している時、この詩を自由に考えさせてみました。紹介します（こちらも省略させていただきます）。

人生は、素敵です。命があれば、いろんなことが出来ます。大切にしてください。

今日の訓練は、誰もが真面目に全力で取り組めていたのが、素晴らしいです。

訓練で、真面目に取り組むことが、「自分の命を守る」最初の一歩です。

良く頑張りました！！』

全員の今年の抱負が廊下に掲示されました。

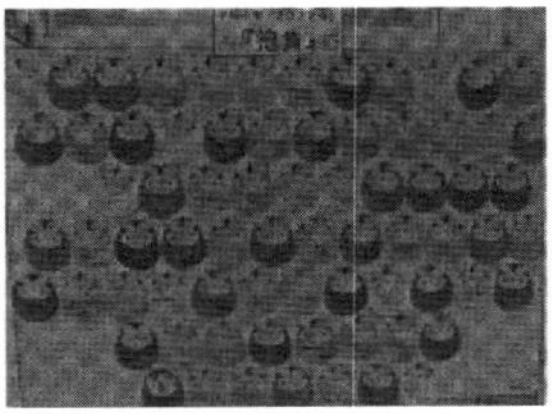

今年の全員の抱負が2階の廊下に掲示されました。

その一つ一つ、全てに目を通しました。

『志望校に合格する』

『体調管理をしっかりする』

『自分を知る』『友だちをつくる』

『しっかり勉強する』　などなど…

これらの抱負から、今年一年の一人一人の強い決意が伝わってきました。

ガンバレ！　上津63人の生徒たち！！

応援しています！

3学期の役員任命式を行いました。

１月１７日には、第３学期学級役員の任命式があり、以下の生徒が役員として任命されました。私が、役員に願うことは、クラスの皆が一緒にいて居心地のいいクラス、ほっとくつろげるクラス、そんな安心できるクラスを創り上げることです。

この３学期間、まとめの学期になります。ぜひともリーダーシップを発揮し、次学年への弾みをつけてほしいと期待しています。

第１学年学級　委員長…〇〇〇〇〇　　第１学年学級副委員長…〇〇〇〇〇
第２学年学級　委員長…〇〇〇〇〇　　第２学年学級副委員長…〇〇〇〇〇
第３学年学級　委員長…〇〇〇〇〇　　第３学年学級副委員長…〇〇〇〇〇

※入試の時期には、毎年、このようなメッセージを保護者と生徒たちに伝えました。生徒たちの不安を少しでも解消し、勇気を持たせるためです。

【No.39】入試　始まる！

上津中学校だより　No. 39（文責・古川）

上津ヶ丘

令和3年度　2月号

入試始まる！　3年生へ送る言葉

「雪《ゆき》に耐《た》えて梅《ばい》花《か》麗《うるわ》し」

高校入試が本格的にスタートします。人生の最初に出会う大きな試練です。

この機を迎え、3年生に「雪に耐えて梅花麗し（ゆきにたえて　ばいかうるわし）」という言葉を送ります。この言葉は、西郷隆盛が詠んだ漢詩の一部です。

冬の雪や厳しい寒さに耐えるからこそ、梅の花は春になると美しい花を咲かせるという意味で、苦しいことに耐えてこそ、その先には大きな成長があるのだという意味です。さらに言うと、大きく成長するには苦しさに耐えることが必要だということです。

3年生の皆さんにとっては、今のこの時期は、大変厳しい時です。そんな時こそ、この言葉を思い出してください。人生、生きていれば二度三度と、一心不乱に努力せねばならない時があるのです。今はまさしくその時です。

今の苦しさや厳しさに耐えてこそ、きっと自分は大きく成長できる。この受験を乗り切れば、将来きっと大きく花を咲かせることができる。そう信じて頑張ってほしいのです。

ただ、このことは昨年も書いたのですが、いくら努力しても、力及ばず運に見放されてしまう人もいるかもしれません。気持ちの落ち込みは、察するに余りあります。しかし、入試は人生の最終目標ではないのです。人生のゴールは様々で、その形も方向も、そこに至る道も様々なのです。だからたとえ志望校に合格しなかったとしても、それを一つの教訓として受け止めて、次に備える気持ちを作ってほしいのです。その失敗を受け止め、乗り越えていく気持ちが自分を高め、周囲を安心させるのです。このような気持ちの持ち方を「失意泰然（しついたいぜん）」と言います。

ただそうは言うものの、今の私は、3年生全員の幸せな笑顔を見たいのは間違いありません。ですから3年生を心から応援しています。

全員の入試の結果が出るまでは、しんどい日々が続きますが、私は皆さんに精一杯のエールを送ります。どうか、悔いなく力を尽くしてください。

心から応援しています。ガンバレ、3年生！

学校長　古河　光弘

地震に対する避難訓練を行いました。

1月17日に地震を想定した避難訓練を実施しました。その時、生徒に話したことを、以下に抜粋して書き留めておきます。

『今から27年前、1995年に阪神淡路大震災が起こりました。　（→裏面へ）

“上津魂”　最高潮！！！
まさしく努力繚乱　体育祭のドラマ

９月１０日には、２年ぶりにご家族の方をお迎えして、体育祭が開催されました。

夏休み明けのコロナの状態がひどかったもので、当日は無事に実施できるのか、不安ではあったのですが、皆様の感染対策のご協力もあり、予定通り開催することが出来ました。本当にありがとうございました。

９月に入ってからは、体育祭までの時間が少なく、練習はなかなか大変ではありましたが、生徒達は、いつ見ても楽しそうに、前向きに取り組んでいました。その成果が出て、当日は、精一杯の演技を見せてくれました。

生徒たちのひたむきで真剣な姿、そしてご家族の皆さまの楽しそうな笑顔、私は感動で胸が一杯になりました。

当日は、そこにいる全員の心が一つになり、大成功の体育祭が出来ました。

保護者の皆様には、終始、子どもたちに温かな応援を頂き、ありがとうございました。我が子の応援のみならず、全ての生徒たちの演技・競技にも大きな拍手を頂きましたこと、深く感謝申し上げます。本当にありがとうございました。

私ども、教職員も本大会を盛り上げるべく、リレーチームを結成し奮闘いたしました。私も老体に鞭打って、精一杯走りました。私たち職員の思いが、生徒たちに伝わり、楽しい思い出としてずっと心に残ってくれたら幸いです。

さて、これで大きな行事が一つ終わり、２学期も本格的に進んでいきます。今後とも、上津中学校へのご支援をよろしくお願い致します。

職員リレーチーム（〇〇先生　作）

※この号は、当時、亡くなった母との思い出をまとめました。母の言葉は、ずっと最後まで忘れることはありませんでした。

【No.52】今も忘れられない母の言葉

上津中学校だより　No. 52（文責・古川）

上津ヶ丘

令和４年度　９月増刊号

今も忘れられない母の言葉

第一学期の終業式の前日、母がこの世を去りました。癌でした。

生徒たちには、申し訳なかったのですが、終業式の式辞は、教頭先生に代読をお願いし、葬儀の準備にかかりました。

母は３月当時、余命二か月と診断されましたが、私の事を思ってくれたのか、夏休みまで、何とか頑張って踏み留まってくれました。最後まで、芯の強い所を見せてくれました。最後は様々な方からのお言葉に励まされ、穏やかな表情で旅立っていきました。

さてその母ですが、今から３７年前、私が教師になったことを大変喜んでくれました。私は母から、しつこいように何度も次の言葉を言われました。

「光弘（私の名前）、あんたが担任する子どもたちは、どの子も、その子のご家族、親御さんにとっては、かけがえのない存在なんや。目の中に入れても痛くないほど可愛くて愛おしい存在なんやで。だから30人いたら30人の子どもたち、どの子に対しても、平等に、そして大切に接してやらなあかんで」と。

神戸に帰省するたびに、しつこいように言われましたので、この言葉が、脳裏に沁みついて離れません。この年になってもよく覚えています。後に自分も親になって、その言葉の意味が、本当によく分かるようになりました。

母は父とともに、神戸で自営業（米穀店）を営み、私たち兄妹を育ててくれました。そのせいか、人とのご縁を物凄く大切にする人でした。それがよく表れた言葉だなあと今さらながら思います。

学校長　古河　光弘

その母も、もうこの世にはいません。今までは、病院にいてくれてさえも、その存在が嬉しかったのですが、もう母はどこにもいないのか…と思うだけで寂しくなります。

この年になっても、母はやっぱり母ですね…。

９月２日、役員任命式がありました。

９月２日は、第２学期学級役員の任命式があり、以下の生徒が役員として任命されました。

私が、役員に願うことは、クラスの皆が一緒にいて居心地のいいクラス、ほっとくつろげるクラス、そんな安心できるクラスを創り上げることです。この２学期間、ぜひともリーダーシップを発揮し、クラスをまとめ上げてほしいと期待しています。

第１学年　…	学級委員長…○○○○○	学級副委員長…○○○○○
第２学年　…	学級委員長…○○○○○	学級副委員長…○○○○○
第３学年　…	学級委員長…○○○○○	学級副委員長…○○○○○

COLUMN 5

絶対大丈夫！　パワースポット

令和3年度のプロ野球で、日本一になったヤクルトスワローズの高津監督が、チームがピンチになったときに選手に贈った言葉、「絶対大丈夫！」。

この言葉を信じて、チームは再び息を吹き返し、日本一になりました。もちろんこの世の中、「絶対大丈夫」なんてことはありえません。

でも、100％まちがいなく言えることがあります。それは、ダメなんじゃないか…と後ろ向きなのと、絶対大丈夫！　と前向きなのでは、結果に違いが出てくるということです。

この話を受けて、校長室に「絶対大丈夫！　パワースポット」をつくりました。生徒たちには、「毎日の生活の中で、自信がほしい！　力がほしい！　と思ったときには、校長室に来て、パワーを充電してください。不安になったときには、『絶対大丈夫！』という言葉を自分に言い聞かせてください」と話しました。

この話をしてからというもの、生徒たちは、次々と校長室を訪れパワーを吸収しています（笑）。このパワースポットが、生徒たちの不安を少しでも取り除くためのチカラになればと考えています。

「絶対大丈夫！　パワースポット」にパワーをもらいに来る生徒たち

奮闘記6

校内の研究を大切にする

―やはり教師は、授業で勝負―

1 大切にしたい校内研修 ―校内研修三原則―

小学校、中学校問わず、児童生徒が学校で過ごすほとんどの時間が授業です。授業の充実なくして児童生徒の成長はあり得ません。そのためほとんどの学校では、テーマを決め、校内研修を進めています。

研究は、やりたいことがあっても校内の研究にうまく合わせることが鉄則です。これが一番効率的です。そのとき、その年度の研究を精一杯やるのです。たとえ、意に沿わない内容でも、校内の研究にとことん打ち込むことで、その研究の成果が血となり肉となっていきます。

もちろん、自分自身でやりたい研究があるのであれば、それに加え独自で進めていけば、なお力となっていくことでしょう。

さて、校内の研究においては、次の3原則を徹底していました。

1 老若男女は関係なし、まったくの対等!
2 言いたいことは遠慮なく言い合う!
3 「いい授業でした!」だけで終わる研究協議をしない!

この3原則を研究がスタートする前に、職員に徹底しました。これだけで、研究に打ち込む姿勢が違ってきます。

(1) 校長1年目の校内研修

校長1年目、三河小学校の研究は「算数科」でした。そして、その年の研究テーマは、次の3点でした。

○アクティブ・ラーニングを取り入れた具体的な授業展開を学ぶ。
○図式化(テープ図・線分図・関係図など)する力を育てるための手立てを考える。
○図を用いて説明する力を伸ばすための取り組みを深化させる(話型の開発)。

この3点の研究テーマを通して、児童には次の力の育成を目指しました。

●基礎基本のさらなる定着を図る(朝学の充実・補習の活用)。
●既習事項を元に、応用問題(文章問題等)も自力解決できる力を身につける。
●図式化することを通し、その根拠をもとにして、説明する力を伸ばす。

研究を進めるにあたり、私は職員には、一流の講師を迎えようと考えました。力をつけるには、第一線で活躍されている方の仕事ぶりから刺激を受けることが大切であると考えているからです。

そこで、これまで私と交流のあったお二人の算数実践家に授業と講演をお願いすることにしまし

木下幸夫氏の講演

松井恵子氏の授業

た。

そのお一人が関西学院初等部教諭の木下幸夫氏です。学校図書教科書「小学校算数」執筆・編集委員であり、『活用力が育つ「算数的活動」3年生』『「安心」と「刺激」でつくる学級経営マニュアル』（いずれも東洋館出版社）等、お仲間とたくさんの共著を出版されています。

もう一人は、松井恵子氏です。当時、兵庫県加古郡播磨町立播磨西小学校の教頭先生で、兵庫県教育委員会作成「授業改善促進のためのDVD授業」において算数の授業を担当されました。『女性教師の「働き方」』（明治図書出版）というご本も出版されています。

お二方とも、流石の授業と講演で、本校の職員は大いに刺激を受けました。実は、私もそうだったのですが、教師というのは、意外と「井の中の蛙」状態なのです。素晴らしい実践に出会わずに終わっていくこともあります。そのような素晴らしい実践に、こちらから出会わせていくことも校長の仕事の一つです。

お二人の授業構成の仕方、そして流し方、さらには盛り上げ方、板書、子どもへの対応の仕方など、実際に授業を見せていただくことで、本校の職員は、目を開かされました。やはり、一流に触れないと本物にはなれません。

(2) 校長2年目からの校内研修

校長2年目から4年目までの3年間、上津中学校の研究は「道徳科」でした。私が着任する前に、令和3年度の県指定の道徳研究会が決定されていたのです(兵庫県道徳教育実践研究事業研究発表会　兼　西播磨地区小・中学校道徳教育地区別研究協議会実践発表会)。

初めての中学校での研究対象が道徳科であったことは、ある意味、チャンスでした。なぜなら専門性の高い教科の研究となると、学校全体の研究となりにくいからです。

これで、全職員を巻き込んだ研究が可能です。私自身も、道徳なら、これまでの小学校経験を生かして、指導力を発揮することができます。しかも、道徳が「道徳科」となる画期的なタイミングで、この研究が始まります。せっかくなので、この機会、道徳についての学びを深める3年間にしたい！　これからの研究が楽しみでなりませんでした。

2 コロナ禍での小・中学校道徳教育実践発表会

令和3年度の県指定の道徳研究会（兵庫県道徳教育実践研究事業研究発表会 兼 西播磨地区小・中学校道徳教育地区別研究協議会実践発表会）は、お隣の南光小学校と共催で進めていくことになっていました。

小中で連携しながらこの研究を進めることができたことも、発達段階に応じた道徳性を学ぶことができ有意義でした。

（1）研究会実施宣言 ―職員の士気を高める―

本研究の進めるにあたり、令和2年11月27日（金）に小中合同講師招聘研修会を南光小学校で実施しました。少しスタートは遅れたものの、実質この日が3年間の研究のスタートとなりました。すでに、この時点で世間はコロナの渦中にあり、学校参観日や各種会議、出張等、人が集まる行事はすべて中止となっていました。

全国各地で行われていた公開研究会や研修会・セミナーなども、そのほとんどすべてが誌面発表かオンラインに変更されていました。実際に人を集めての研究会は皆無に等しかったのです。

両校で計画していた前述の道徳教育実践発表会は、令和3年11月5日（金）に予定されていましたが、この時点ではまったく開催の目途は立っていませんでした。

この日、合同研修会をしていても、何となく、両校職員から意欲が伝わってきませんでした。どうせ人を集めることは無理だろう、できても誌面開催に落ち着くだろう…と、諦めに似た雰囲気が漂っていたのです。

そんな雰囲気を打開するがごとく、私は、その日の閉会挨拶で次のように宣言したのです。

「今、研究会は、ほとんどが中止になり、誌面発表やオンライン研修会に変更されています。ただ、現在私は来年度の公開研究会は、私が校長をしている限りは実施するつもりでいます。誌面発表などで済ませるつもりはありません」

もちろん、自分自身に叱咤激励するつもりで言ったのですが、まさか本当に開催できるとは、そのときは思っていませんでした。

このように、職員の士気を高めることも校長の仕事なのです。これぐらいの覚悟がないと校長は務まりません。

（2）コロナ禍での研究大会

南光小学校・上津中学校では、道徳科の目標「よりよく生きるための基盤となる道徳性を養う」に基づき、研究主題を「道徳科で新たな自分を発見しよう　～中心発問以降に対話が深まる授業をめざして～」と定め、研究に取り組んできました。

まずは、両校の共通理解のもと、児童生徒の考えを引き出し深めていく、授業デザインシートを作成することにしました。上津中学校では「展開想定シート」、南光小学校では「ひまわりシート」というものです。これは、どちらも児童生徒の発言に対応するための補助発問シートとしての機能を持たせました。

これらのシートに、中心発問に対して予想される児童生徒の発言をあらかじめ分類することにより、予想される発言に対する切り返しや補助発問を、事前に想定して授業に臨むことができます。その結果、指導者は、生徒からの反応に右往左往することなく、落ち着いて授業に対応することができるのです。

なお、本研究の一連の講師は、関西福祉大学の新川靖教授にお願いしました。新川氏は、以前から佐用町の研究に積極的に関わって下さっていた方で、道徳教育で引っ張り凧の講師です。やはり、一流の指導を受けないと職員は成長しません。

以下は、本研究を通して主張してきた上津中学校の主な提案です。誌面の都合上、ここでは3点をあげることとします。

【提案1】

まずは、授業の流れを見つめ直すことから始めました。

これまでは、導入段階で、丁寧に進め過ぎ、中心発問に対する十分な時間が取れていないことに気がつきました。

そこで、導入はできるだけ簡潔に進め、中心発問以降に対話が深まる授業展開を意識するように50分の構成を考えました。

なお、本校では道徳授業を行うときには、次の4つのことをしっかりと踏まえて行うことを共通理解していました。

◎「道徳科」の目標

常に「道徳科」の次の目標を基盤に置いて授業を行うこと。

『よりよく生きるための基盤となる道徳性を養うため、道徳的諸価値についての理解を基に、自己を見つめ、物事を広い視野から多面的・多角的に考え、人間としての生き方についての考えを深める学習を通して、道徳的な判断力、心情、実践意欲と態度を育てる』

◎「道徳科」の発問

各教科は、未知を既知に変えることが基本です。しかし、道徳科は既知を自覚させることが基本になります。そのため道徳科の発問は、次の2つの要素を意識します。

①多面的・多角的な見方を引き出す発問

②リアリティ（現実・事実・本質）のある発問

◎**「考え議論する道徳」**

ただただ議論すればいいというものではありません。多様な他者と考え、議論する中で、多面的・多角的な見方へと発展し、道徳的諸価値の理解を自分自身との関わりで深めることができます。さらには、人間の生き方についても考えることができるような議論を意識する必要があります。

◎**「道徳科」の評価**

道徳科の評価は、個人内評価を基にした記述式評価です。一定の期間の中で、道徳性に係る成長の様子を評価します。評価の観点は、次の2点です。

①一面的な見方から多面的・多角的な見方へと発展しているか
②道徳的価値の理解を自分自身との関わりの中で深めているか

【提案2】

次に、本校の大きな問題提起であるＴＴの授業形態について述べます。

これは、主に授業を進めていくＴ１と板書中心のＴ２とが力を合わせて授業を進めていく形態です。この形態を取り入れるよさは、いくつか考えられます。

①Ｔ２が板書を担当するため、Ｔ１が生徒の対応に集中できる
②Ｔ２が、Ｔ１とは違う視点からの補助発問を投げかけることができる
③二人で授業を行うため、机間指導等を丁寧に行うことができる

ただ、事前の教材研究、板書研究は、一人で行うより、入念に行う必要があります。十分な時間をかけての打ち合わせが必要です。

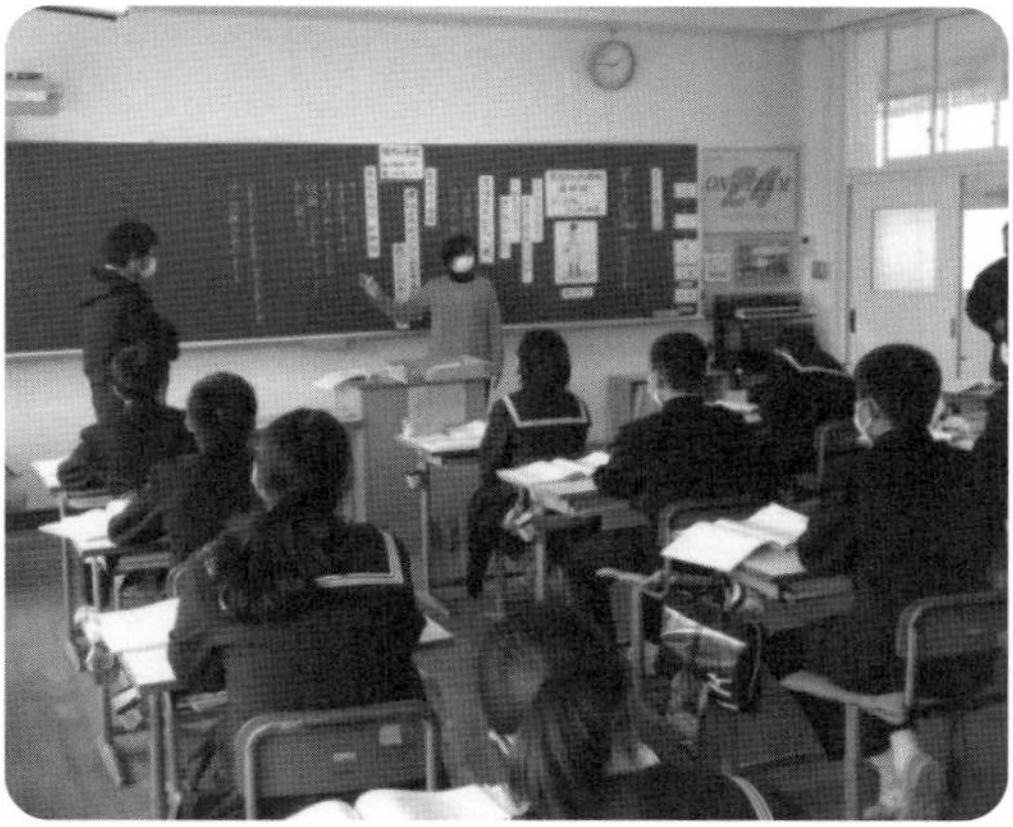

道徳科におけるTTの授業形態

【提案３】

３点目に展開想定シートについて述べます。

展開想定シートとは、文字通り、中心発問以降の展開を想定するシートのことです。

このシートを考案した理由は、中心発問以降にどのような反応があっても自己の考えを深めさせることができるようにするためです。

教師が、「これは深めたい」と思う意見については、その場で的確な問い返しができるようにするた

めに、教材分析の段階においてあらかじめ切り返しを考えておくのです。この準備によって、授業に余裕が出てきます。

以上、まだまだ書きたい内容は、たくさんあるのですが、本書の意図とは離れるため、3点のみに留めておきます。

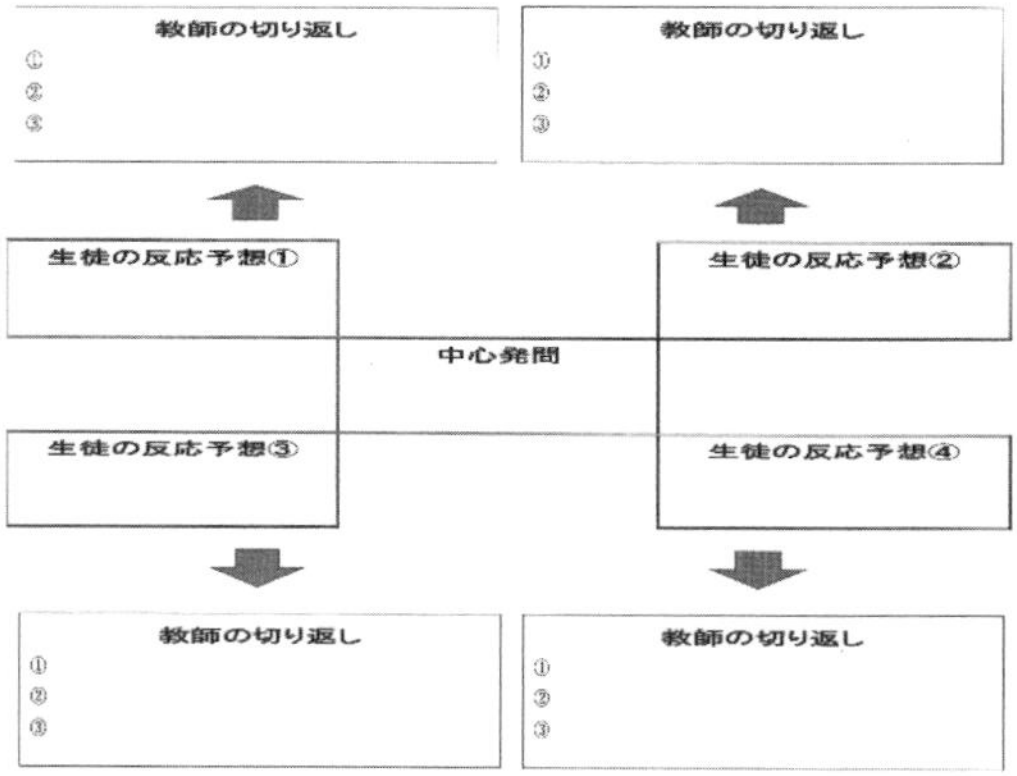

展開想定シート

なお、以上のような研究内容に関しては、研究推進担当の意見を十分に尊重しながらも、私は校長として全面的に助言を行いました。研究に関しての妥協はしませんでした。展開想定シートのような授業で扱うシートについても同じです。そのシートの内容にも、積極的に意見を言い、みんなで話し合いました。そのような過程を経て、みんなで創り上げる研究会が実現するものだと思っています。

以上のような研究を積み重ねている最中も、コロナはなかなか収まりませんでした。先のように実行宣言はしたものの、実施できる保証は何一つありませんでした。ただ、研究会実施か中止の最終決定を出す時期、幸いにもコロナに減少傾向が見え始めたのは、両校にとってラッキーでした。

　さらに研究会実施か中止かの決断に迫られたとき、両校ともに反対意見は出なかったことも私の背中を押してくれました。

　逆に「ここまで頑張ってきたのだから、やりましょう！」という意見が多くを占めました。職員の士気が高まっていたのが、なにより嬉しく感じたことを記憶しています。

　そして令和3年11月5日(金)、この時期、この日しか開催するときはない！　という絶好のタイミングで研究会を開くことができたのです。

　奇跡でした。まさしく運が味方したと言うしかありません。もちろん他地域のほぼすべての研究発表会は、この年も誌面開催に代わっていました。

　当日は、各校最小限度に参加者を絞り、約１００名の参加者で研究会を開催することができました。天気もよく、授業者を含め、全員が自分の仕事を全うすることができ、充実感のある一日となりました。

　参加者のアンケートを見ても、開催に対する労いが多く書かれていて、有難く思いました。

　そのアンケートから、いくつか印象的な言葉を抜粋します。
●実際に授業を見せていただいて、取り組んでこられた研究テーマをしっかりと体感することができました。「自分ならどうするか」とか「なるほどこうするのか」とか考えながら参観することができ、改めて道徳授業を考えるよい機会となりました。

研究発表会　研究紀要

研究発表会　古川の閉会挨拶

●中学校は、ルールをテーマにした題材を取り上げていました。ノートやワークシート、二人で行う授業など、様々な授業の形があるのだと大変勉強になりました。

●中学校でもたくさん意見が出ていたと思います。すばらしい授業でした。

これを書いている今は、令和4年度、本研究の3年目、最終年度を迎えています。展開想定シートに改良が加えられるなど、ますます道徳の研究に力が入っています。

3 GIGAスクールによる革命を、積極的に受け入れる

コロナ禍の中で、ギガスクール構想が突如として沸き起こり、児童生徒にタブレットが一台ずつ与えられました。そして否応なしに、それを使うことが義務付けられることになりました。

これからの教師は、全員がこのようなICT機器を使い切り、指導することができなければなりません。「いつもチョーク1本で!」というような指導は、これからはもう通用しません。タブレット等を有効に活用して、個別最適な学びを生み出していく必要があります。

中央教育審議会答申、「『令和の日本型学校教育』の構築を目指して」(2021年1月)では、次のように言われています。

「子供一人一人の特性や学習進度、学習到達度等に応じ、指導方法・教材や学習時間等の柔軟な提供・設定を行うことなどの『指導の個別化』が必要である。(中略)子供一人一人に応じた学習活動や学習課題に取り組む機会を提供することで、子供自身が学習が最適となるよう調整する『学習の個別化』も必要である」

つまり、これまでの教師主導型の一斉授業から方向転換し、学習者が主体となる学習方法へ変わっていくため、教師はこれまで以上に一人ひとりの学びの状況を把握し、個に応じて学習方法を提供していく力が必要になっていきます。と同時に自分たちが理解している内容に合わせた学習の

仕方を意識させ、自ら学びを創り上げていく力を身につけさせていくことが必要になってきます。そのためにも、タブレットのようなＩＣＴ機器を使いこなしていく力がこれからの教師には必要です。タブレットによる操作的活動を取り入れることで、全員参加の授業と意欲的な活動が生み出せると考えています。

本校では、令和４年度デジタル教科書活用に関する調査研究重点校としての指定を受け、デジタル教科書活用の研究も開始しました。

令和４年10月24日（月）には、1年生（道徳科）と3年生（英語科）で公開授業を行い、兵庫県教育委員会の指導を受けました。次ページからの写真は、当日の様子とそのときの指導案です。

英語では、リーディングコンテストに向けて、「書き込み」「速度調整」「マスク」「リピート機能」を活用しながら個別に音読練習を行いました。

道徳では、デジタル教科書の挿絵や本文を拡大して確認したり、ペアで話し合う活動を行いました。

このようなＩＣＴを使った授業実践は、まだまだ始まったばかりであり、今はある意味、思い切った実践ができるチャンスだと考えています。なぜなら、今は皆、試行錯誤している最中であるからです。この時期をチャンスととらえ、しっかりとした実践力を身につけてほしいと願っています。

教師も時代と共に、アップグレードしていかなければ現実に対応できません。いつまでも昔の思い出に浸っていては進歩はありません。これからの教育課題に柔軟に対応していくことも、管理職として、大切な要件となります。

PCを活用して英語科に取り組む生徒たち

PCを活用して道徳科に取り組む生徒たち

第１学年　道徳科学習指導案

指導者　○○　○○

１　主　題　家族の深い愛　C-14
２　教材名　美しい母の顔　（中学生の道徳　自分を見つめる１　廣済堂あかつき）
３　本時の学習
（１）ねらい　深い愛情をもって育ててくれた家族に感謝し、敬愛の念をもつ道徳的心情を育む。
（２）準備物　教科書、道徳ノート、タブレット、朗読ＣＤ、ＣＤプレイヤー、掲示用短冊
（３）展　開

	学習活動	主な発問と予想される生徒の反応 （○基本発問　◎中心発問　◇補助発問）	指導上の留意点 （評価の視点☆）
導入	１本時の学習について関心を持たせる。	○自分にとって「家族」とはどのような存在だろう。 ①大切な存在。 ②口うるさく言ってくる存在。	・学習課題を提示し、価値への方向付けを図る。
展開	２資料を読み、登場人物の心情を考える。 （１）「私」の母に対する思いを確認する。	○「私」は、母のことをどのように思っていたのだろう。 ①恥ずかしい。 ②友だちに見られたくない。 ○母を学校から追い返した日、「私」はどのようなことを思っていたのだろう。 ①友だちに何か言われたらどうしよう。 ②私の母のことを噂しているのかも。 ③ちょっと言い過ぎたかもしれない。	・デジタル教科書を活用し資料を読む。 ・「私」の母に対する思いを押さえる。 ・家族への感謝の気持ちよりも恥ずかしさがまさっている「私」の心情を捉えさせる。
	（２）母のやけどの真相を知った「私」の心情について考える。	◎父の話を聞いた「私」は、涙を流しながら、どのようなことを思っていたのだろう。 ①今までひどいこと言ってごめん。 ②辛い思いをさせてしまった。 ③私のことを守ってくれてありがとう。 ④私のことを思って隠していたんだ。 ◇Ｈ子からさまざまなことを言われた母は、どのようなことを思っていたのだろう。 ①Ｈ子のためなら何を言われても気にならない。 ②私は何を言われても大丈夫。	・デジタル教科書の挿絵を提示し、母が必死に守った様子をイメージさせる。 ・自分よりもＨ子を守ったこと、Ｈ子のために真実を隠し続けたことを押さえる。 ・Ｈ子のことを思っていた母の思いについて押さえる。
	（３）真相を知った「私」の母への思いについて考える。	○「私」が、母の顔をどんなきれいな顔のお母さんよりも美しいと思えるのはどうしてだろう。 ①母の心が美しいと思ったから。 ②必死に守ってくれた行動が美しいと思ったから。 ③私への愛のしるしだから。	・「きれいな顔」、「美しい顔」の違いを考えることを通して、「私」の心の変化について話し合う。
終末	３学習を振り返る。	○今日の授業で感じたことをノートに書きましょう。	☆愛情をもって育ててくれた家族に感謝し、家族を大切にしようとする思いが持てたか。

第3学年　英語科学習指導案

指導者　○○　○○

1 単　元　Unit 4　Be Prepared Work Together

2 本時の学習（8／10）

（1）目　標

○ リーディングコンテストに向けて、場面や心情に応じた発音ができる。

○ 過去分詞の形容詞的用法を用いて、自分の好きな本やマンガについて表現でき、さらにその理由を書くことができる。

（2）準　備　教科書、タブレット、リーディングチェックシート、ワークシート

（3）展　開

学　習　活　動	指　導　上　の　留　意　点
1 入試対策単語テストをする。	・机間指導しながら、個別の進捗状況を把握する。
2 入試対策リーディングをする。 （1）タブレットを用いて、個別に練習する。 （2）チェックシートに進度を記入する。	・デジタル教科書の「書き込み」「速度調整」「マスク」機能を個に応じて活用させる。 ・机間指導しながら、個別にリーディングを確認する。 ◎前回より「マスク」のパーセントが増えたか。
3 リーディングコンテストの練習をする。 （1）タブレットを用いて、個別に練習する。	・デジタル教科書を活用し、「リピート」機能を個に応じて活用させる。 ・単語のアクセント、つながりに注意させ、ナチュラルな発音を徹底させる。 ◎場面や心情に応じた発音することができたか。
4 過去分詞の形容詞的用法の運用力を身につける。 Botchan is a book written by Natsume Soseki.	
（1）教師によるデモンストレーションを見て、基本文の概要をつかむ。 （2）教師の説明を聞く。 （3）課題である英文を書く。 （4）課題である英文に続く「ポップ」を作る。	・課題である表現を提示し、感心、意欲を高めさせる。 ・できる限り簡潔に説明し、課題である文の構造と意味を確認させる。 ・机間指導しながら、過去分詞の位置を確認し、適宜ヒントを与える。 ・英文を確認し、戸惑っている生徒に補足説明し、支援する。 ・まとまった英文を書かせることにより、理解をより一層確かなものにし、机間指導で活動を支援する。 ◎間違いを気にせず、課題である英文を書くことができたか。
5 次時の課題を知る。	・「ポップ」を完成させることを伝える。

◎評価の観点

4 校長自身も成長することを常に心がける

職員に言うだけでなく、校長自ら、研修を積み、職員を指導する力は身につけなければなりません。

お陰様で、これまでの実績を評価していただき、全国各地から講師依頼を受けます。講師をするにあたっては、当然ながら、しっかりとした学習と準備をして臨むことになるため、自分自身、成長するよき機会となります。

ただ令和2年度から4年度は、コロナの為、お声がけいただいた講座・セミナーがすべて中止になってしまいました。

講座・セミナーで講師をするにあたっては、その日までに、与えられたテーマに沿った研修を、私自身がしっかりと積んでおかなければなりません。その過程において、私自身が、学びを深めることができるのです。また、そのような中で得られた最新の教育情報は職員に還元することができます。現地会場でお会いする参加者の皆様との出会いも、また私自身を成長させてくれます。

私は、元来、怠惰な性格なので、このように機会がないとついつい怠けてしまいます。準備は大変ではあるのですが、休日や日々の隙間の時間などを利用して、少しずつ行います。自分自身にカツを入れるためにも、このような講座・セミナーでの講師依頼はとても有難いことだと思っています。

本原稿執筆時の今も相変わらず、講座・セミナーはほとんど実施されていません。ただ、そんな中でも校内での研修会は感染対策を行えば実施することができました。

令和2年10月28日、前述した道徳研究会（兵庫県道徳教育実践研究事業研究発表会　兼　西播磨地区小・中学校道徳教育地区別研究協議会実践発表会）に向けての校内研修会を自ら企画し、講師となってレクチャーを行いました。

テーマは、『兵庫県教育委員会提案「教材分析シート」を活用した道徳科授業づくり』です。

このように、校長自身も、職員と共に成長する姿勢を忘れてはいけないと思っています。

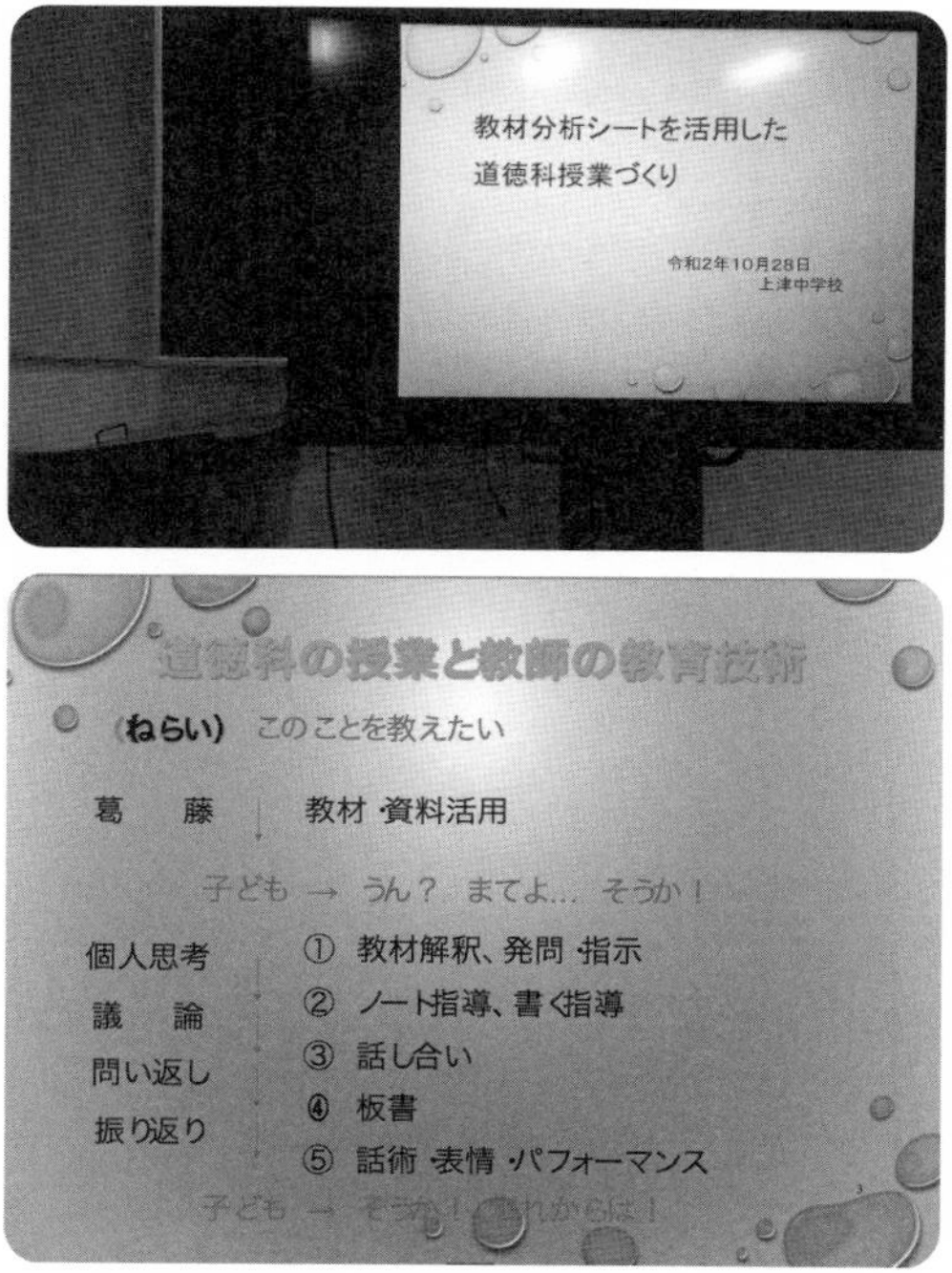

当日のプレゼン内容

COLUMN 6

通知表改定責任者!?

中学校の校長として着任した年、町内校長の役割分担表を見ると私の役割の一つに「評価研究」が当てられているのに気がつきました。『「評価」となれば、通知表だよな？　もしかして改定作業をしなくてはいけないのでは？　…』（古川がとっさに思ったこと）

次年度から学習指導要領の改訂に伴い、各教科の評価項目を、これまでの4観点から3観点に移行させなければなりません。

えっ？　これって私がするの？　中学校の通知表など、今まで見たこともない！　私が担当していいの？　冗談でしょう…。

もちろん誰も代わってくれません。う～～ん、やるっきゃ、ないか！　と覚悟を決めました。

ここでも「覚悟に勝る決断なし」です。

さっそく佐用町中学校評価研究会を発足し検討を開始しました。そして、各教科の代表に文言の修正を依頼しました。その後、何回かの会議の後に、それぞれの教科から上がってきた3観点の項目内容を再び佐用町中学校評価研究会の検討にかけました。あとは、通知表全体のレイアウトの検討を行い、最終的に新年度に間に合う時期に最終案がまとまりました。

とにかく、大変重要で待ったなしの取り組みでしたが、結果的に、中学校

の評価の勉強になったのは事実です。色々な経験をさせていただいて育てていただいています。感謝です！（笑）

番号		生徒名	

教科の学習の記録

	観点＼学期	1学期		2学期		3学期	
		評価	評定	評価	評定	評価	評定
国語	基本的な言語事項を習得し、文章により表現することができる。						
	文章を的確に読み取り、目的や意図に応じて自分の考えを伝え合うことができる。						
	国語への関心を持ち、主体的に学びを深めようとする。						
社会	社会的事象を理解し、様々な情報を活用できる技能を身につけている。						
	社会的事象を多面的・多角的に考え、諸課題の解決に向けて判断し、表現できる。						
	社会的事象について、よりよい社会の担い手として主体的に関わろうとしている。						
数学	数量や図形などに関する原理・法則を理解し、数学的に処理することができる。						
	数学を活用し、課題解決に必要な思考力、判断力、表現力等を身につけている。						
	数学のよさや活動の楽しさを実感し、主体的に学習に取り組もうとする。						
理科	自然事象の概念や法則などを理解し、観察・実験の技能を身につけている。						
	自然事象の規則性について道筋をたて、的確に表現することができる。						
	自然事象に興味・関心を持ち、主体的に学習に取り組もうとする。						
音楽	音楽の構造などを理解し、音楽表現をするために必要な技能を身につけている。						
	音楽表現を創意工夫したり、音楽のよさや美しさを味わったりしている。						
	主体的・協働的に表現及び鑑賞の学習活動に取り組んでいる。						
美術	造形的な視点について理解し、表現方法を工夫して創造的に表している。						
	主題を生み出し豊かに発想し、美術や美術文化に対する見方や感じ方を深めている。						
	美術の創造活動の喜びを味わい、主体的に創造活動や鑑賞に取り組んでいる。						
保体	運動や健康・安全に関する知識及び、運動の特性に応じた技能を身につけている。						
	課題の解決をめざし、工夫や表現をしながら練習する。						
	健康・安全に関心を持ち、主体的に運動する。						
技・家	生活と技術についての基礎的な知識と技能を身につけている。						
	生活や社会の中から問題を見つけ、その課題を解決することができる。						
	よりよい生活の実現に向け、生活を工夫・創造する態度を身につけている。						
英語	英語に関する知識を身につけ、英文の内容を正しく理解することができる。						
	学んだ表現を活用し、英語でコミュニケーションを図ることができる。						
	英語に関心を持ち、主体的に学習に取り組もうとする。						

「特別の教科　道徳」の記録

1学期	2学期	3学期

奮闘記7

危機管理能力を磨く

―トラブルをどのようにして乗り越えるか―

1　コロナ禍での学校指揮―常に決断を迫られる毎日―

令和元年度の2月下旬に激震が走りました。新型コロナウイルス感染拡大防止のため、当時の安倍晋三首相の指示により、3月は全国の小中学校が休校となりました。

中学校に着任して、かろうじて始業式・入学式は実施できたものの、その後、兵庫に緊急事態宣言が発せられ、さらに5月6日までの休校措置が日本全国に取られることになりました。結果的に言えば、この休校措置は5月31日まで延長されました。

通常とは異なる学校運営を余儀なくされ、卒業式・入学式の規模縮小から始まり、離任式の中止、休業期間中の児童生徒へのポストイン連絡、ＰＴＡ総会の誌面開催、学校参観日の中止、学校水泳の中止、夏休みの短縮、運動会の半日開催、音楽会への対応、修学旅行の時期変更、各種研究会の中止、各種研修のオンライン化等、前例のない事態に、校長としての判断は困難を極めることになりました。

このような中、職員や生徒には次のような話をしました。

「今は我慢をするときですが、できることを精一杯やっていこう！　この制限された条件の中で、最大限できることに楽しみながら取り組もう！　そして、来るべき時期にベストなパフォーマンスが発揮できるよう、力を備えよう！」

そんな状況下、私が常に意識した言葉があります。故野村克也氏の言葉です。

> 監督の最大の仕事のひとつは、「危機管理」だ。これは、組織を束ねるすべてのリーダーに共通することだろう。すなわち、取り返しのつかない事態を避けるべく、いかなるときも最悪の事態を想定し、どういう状況、条件が揃ったらそういう事態に陥るかをきちんと把握・認識したうえで、そこにいたらないよう対策を用意し、備えること、その姿勢と能力がリーダーという立場にある者には必要不可欠なのである。
>
> 『リーダー論』（野村克也著　だいわ文庫　P.60）

> 「計画」「実行」「確認」は、どんなことにも通用する仕事の三要素である。よいリーダーは、計画がつつがなく実行できているかをつねに確認し、修正と微調整をし続ける。気を抜かず、ハプニングに備え、組織から目を離してはならない。
>
> 『リーダー論』（野村克也著　だいわ文庫　P.184）

結果的に、私の中学校3年間は、コロナ対応に追われる3年間となりました。ただ、そんな中で、様々な決断を強いられた日々は、ある意味、校長としての存在感を実感できる日々であったのかもしれません。ピンチはチャンスなのです。

2 上津中学校史上、最大級の危機
―本校の生徒が、コロナ第一感染者に―

令和2年8月17日（月）、たった1週間しかなかった夏休みが明け、第2学期の始業式を終えました。

生徒たちを帰宅させた後、保護者から「子どもが熱っぽいので病院に連れて行く」という連絡が入りました。不思議なことに、このとき、「もしかして…」という、妙に変な胸騒ぎがしたことを、今でもはっきり覚えています。

その嫌な予感が的中したのは、その2時間後でした。めまいがしそうなほど、動揺したことを思い出します。

私の学校の置かれている地域は、兵庫県内でも西播磨という地域に属しています。その西播磨管内、感染第一号が本校の生徒だったのです。

今でこそ、コロナ感染者が出たとき、「あっ、また出たの？　大変だね。」ぐらいで済んでいますが、当時はそんなものではありませんでした。まるで〝化け物〟でも出たかのような世間の反応であったのを覚えています。

「よりによって、なんで始業式の後なんだ…1日早かったら、まったく対応は違っていたのに……」と、当時は自分の境遇の悪さを思いっきり悔やんだものです。とにかく「落ち着け！　落ち着け！」と、自分に言い聞かせました。

すぐさま教頭と担任を呼んで対応を話し合いました。ただ、その間も、ずっと動揺が収まらなかったのは事実です。

まずは、教育委員会、保健所、保護者との連絡をしっかりと取り合うことを行いました。初期対応を誤らないことだけを意識して、その後の行動を考えました。特に感染者本人のプライバシーを守ることは絶対条件であり、そのことには大変気を遣いながら対策を進めました。

そんな中で、私が行った危機対応は、大きく次の4点でした。

（1）まずは、冷静な受け止めと原因の把握

とにかく、まず初めに行ったことは、自分自身、冷静に対処することでした。そして正確な原因の把握に努めました。

今回のことは、本校にとって大事件ではありましたが、そんな中でも、コロナ発症が夏休み中のことであり、感染経路が判明していたということは、不幸中の幸いでした。もし仮に原因がわからなったならば、学校に原因があったとも考えられます。

原因がわかっているのとわからないのとでは、対応が正反対に違っていたでしょう。そういう意味では、正直に原因を話してくれた保護者には感謝したものです。

（2）とにかく安心させること

原因の解明後に必要なことは、とにかく保護者生徒の不安を取り除くことでした。そのために、今わかっていることを伝えられる範囲で、最大限に保護者生徒に伝えることに努めました。

今回のケースでも、しつこいぐらいにメール配信、文書発送、家庭訪問を継続しました。このことにより、保護者の不安がある程度、和らいだのも事実だと思っています。

正直、学校への誹謗中傷は覚悟しました。もちろん校長としては、逃げも隠れもしません。受け入れなければならないことは受け入れようと思っていました。

とにかくこのような場合、初動対応に最大限の労力を使うことが必要です。しかも今後の行事のことも踏まえながら細部まで検討しなければなりません。

今回の初動対応については、考えられる範囲で、丁寧かつ迅速に、そして確実に行うことができたと考えています。

例えば、「全校保護者へどのようにして伝えると混乱を回避できるか」「該当家族へはどのような方法で接すれば動揺が収まるか」「すぐに迫る体育祭をどうすべきか」「明日からの授業をどうするか」というような考えられる危機を可能な限り整理し、それに対して一つひとつ対応していったのです。

そのこともあってか、幸いにも学校に対する批判等は一つも届きませんでした。それどころか、学校へかかってきた電話の際には、職員へのねぎらいのお言葉をいただくなど、保護者からは大変な勇気をいただきました。このことについては本当に嬉しかったし、心から感謝したものでした。もし、批判等が続いたとしたら、心は確実に折れていたであろうと思います。

その後も、保護者から「その都度、情報を適切に伝えていただいていたので、安心できました」というお言葉をたくさんいただき、本当に嬉しかったことを覚えています。

（3）生徒へのリスクを最小限に留めること

次に気を遣ったことは、この事案から生じるリスクを最小限に抑えることでした。とにかく今後の学校生活には、できる限り影響のないように即座に学校計画を組み直しました。まずは、体育祭、三者面談等の延期を決定し、日時を再決定しました。さらに濃厚接触者に指定された養護教諭の代替者の依頼を行いました。

授業時間の回復も、当面7時間目の授業を設定することで3年生保護者の不安を解消するように努めました。生徒たちは、7時間目の授業に対して、文句も言わず一生懸命取り組んでくれました。

もちろん、決まっていた部活動の大会等に出場できなかった生徒もいたのですが、何とか最小限にリスクを留めることができたのではないかと考えています。このように、直後に生徒へのリスクを最小限に留めることに努めたことが、保護者からの批判等が出なかった大きな理由であると考えています。

（4）職員の心を一つにまとめること

このような危機的な状況下で一番辛いことは、私たち職員の心が一つにならないことです。

この2週間、上津最大級の危機に対して、職員が、不平不満、愚痴を一つも漏らさず、一枚岩となって、当時できることに真摯に対応してくれたことには、心から感謝したものです。そのときの教頭、そして主幹教諭が、しっかりとサポートしてくれたことも、その大きな要因です。

このような中で、学校は、何とか再出発することができましたが、しばらくは試練の日が続くことになりました。

一番気がかりなのは、当事者への差別的な言動が起きることでした。と同時に、まわりの子へ安心感を与えることも重要な仕事でした。2人目を出さないことも、絶対的に必要でした。当時の教頭や妻には、「本校から2人目の感染者がでたら、校長を辞めるかもかもしれない」ということは伝えていました。それぐらいの覚悟が必要なことでした。

今回のことは、もちろん試練ではあったのですが、すでに書いたように、そんな中でも「不幸中の幸い」だったことがたくさんありました。一番の奇跡は、生徒、職員の濃厚接触者が全員陰性であったことです。

そのとき、やはり、上津は守られている！　と思ったものです。完全なポジティブ思考です。改めて自信を持って前に進みたいと決意しました。

3　決断はハートで行う

そんなコロナ禍の中での学校運営ではありましたが、私がどうしても中止にしたくなかった学校行事が3つありました。修学旅行、体育祭、そして音楽発表会です。

この3つの行事は、生徒たちが生涯、大切にしていく中学校の思い出となるからです。この3つの行事だけは、是が非でも実施する！　という、かたくなな思いが私の中にあったのは事実です。

「判断は頭でするもの。決断はハートでするもの」というのは、故野村克也氏の言葉ですが、この3つの行事は中止しない！　というのは、私のハートで決断したものです。

（1）体育祭

前述した上津危機のあと、第一に気になったことは、直後に予定されていた体育祭です。情勢を考えても、コロナ発症後のこの混乱の中では、中止はやむを得ない状況でした。

ただ、中止はしたくありませんでした。それは、私自身のハートが決断したものです。即刻、延期を決定し、日時を保護者に連絡しました。

もちろん参観者は、制限せざるを得なかったのですが、すでに書いてきたように様々な対応を行ってきたせいか、この延期措置に対しても、批判的なご意見等も一切ありませんでした。そして当日は秋晴れの下、すばらしい体育祭を実施することができました。

2年目の体育祭も、前年以上のコロナ禍の中で、開催が危ぶまれました。この年は結果的に、上津中学校史上初となる無観客開催となり、保護者の皆様に大変寂しい思いをさせてしまいました。特に3年生保護者は最後の体育祭であるため、申し訳ない気持ちで一杯でした。悔いは残りましたが、この年も秋晴れの下、生徒たちのやる気で、初の無観客体育祭を大成功することができました。

コロナ禍の影響は、3年目も収まらず、この年も夏休み中からの感染爆発で体育祭の開催が危ぶまれたのですが、何とか予定通り実施することができました。実施後、生徒の感染も確認されず、胸を撫で下ろしたものでした。

とにかく、色々な制約はあったものの、何とか3年間の体育祭をやり遂げることができました。

この写真は、上津中学校史上初の無観客大会の一場面です。なお、体育祭については、奮闘記9でも述べていますので、重ねてお読みいただきたいです。

(2)音楽発表会

次に頭を悩ませたのは音楽発表会です。とにかく飛沫を防ぐために、日本全国で「三密」をしないように指示が出ています。「三密」とは、密接・密集・密閉です。飛沫を防ぐために、生徒全員がマスクをしています。

当然ながら、合唱は歌をみんなで歌うため、かなり厳しい取り組みが予想されました。ただ中止にはしたくはありません。そこでまずは次のようないくつかの方策を取ることにしました。

①例年行っていた全校合唱は中止する
②マスクをしたまま合唱する
③生徒は会場に入れず、自分たちの順番が来るまで教室で待機させる
④保護者の参加も制限し、会場が密にならないようにする。席も広めの間隔を取る
⑤会場はできるだけ開放し、換気を心がける

あとは、運を天に任せるだけです。もし、これで発症したら、保護者に頭を下げるしかありません。その覚悟だけは必要でした。

左が当日の写真です。マスクはしていたものの、どの学年も感情のこもった声で歌うことができ、会場の拍手を誘いました。実施後のコロナ発症という最悪の事態も何とか免れることができました。

音楽発表会

(3)修学旅行

さて、一番頭を悩ませたのが修学旅行です。本校の修学旅行は4校合同で行っています。中学校着任1年目は、何と輪番で私が修学旅行の担当校長になっていました。

当然、私の頭に「中止」の2文字はありません。考えてみてください。修学旅行の思い出のない学校生活って、何が思い出として残るのでしょうか…。修学旅行のない中学校生活は、私には考えられないことでありました。

ただ、実施するには困難を極めました。手元に当時の近隣地区の対応がまとめられた表が残っているのですが、ほとんどが中止、或いは日帰りか一泊の代替措置が取られています。そんな中での実施には、正直勇気がいりました。

以下は、私が担当を務めた令和2年度の取り組みです。

当初、コロナがなければ、修学旅行は5月20日(水)から5月22日(金)に予定されていました。ただ、このときは全国の小中学校に休校措置が取られたため、当然ながら実施することはできません。第1回目の予定変更です。

さらにその後、6月には東京方面への旅行をあきらめ、行先の変更を決定することになります。これが2回目の変更です。

そして8月、修学旅行の最終日時と行き先が決定しました。日時は11月24日(火)から11月26日(木)で、行先は広島・山口方面です。

修学旅行説明会では、旅行業者にも参加していただき、感染に対する細やかな対策について説明していただきました。いざというときのために、コロナ対応の保険にも加入し、看護師にも帯同していただく措置を取りました。

それでも保護者の中には、参加を心配する方もおられるかもしれないということで、保護者には参加同意書を提出していただくことにしました。同意されない方には、参加を強制しないつもりでいました。幸いにも全員の方の賛同を得て、大きな勇気をいただいたような気になったものです。

何とかここまではきましたが、最終的に一番心配したことは、直前にコロナ感染者が出て、修学旅行自体が中止になってしまうことでした。これも保護者の感染対策の協力を得て、何とか回避することができ、無事に3日間の日程を終えることができました。生徒はもちろん、保護者からもこの決断に感謝の気持ちが寄せられました。

ただ終えてからも2週間が経過するまでは気が気でなりませんでした。もし、その間に発症すれば、世論は一気に「なぜ、こんな時期に行かせたんだ！」と手のひらを返したようになるのは予想できたからです。冷や汗ものの2週間でした。

最終的にこの年は、4校の校長と担当者が集まって9度の修学旅行協議会を開催して実施に向けての様々な対応を行っていました。実施に向けての難しさが、このことだけでもわかっていただけると思います。

引き続き令和3年度も困難を極めました。

この年の修学旅行は5月19日（水）から5月21日（金）に予定されていました。まずは全国の感染状況の悪化を受け、春休みの段階で日程と行き先の変更をせざるを得ませんでした。この時点で、日時は9月28日（火）から9月30日（木）で、行先は長崎方面に変更となりました。第1回目の予定変更です。

この後、4度目の緊急事態宣言がこの期間に重なることになり、必然的に修学旅行も延期の措置が取られました。そして最終的に11月25日（木）から11月27日（土）に再決定されました。行先は同じで長崎方面で、2回目の変更です。

後の対応については、前年と同様であるため省略しますが、この年も何とか無事に3日間の予定を実施することができました。

さらに次の年、令和4年度も結局、コロナは収まらず、春休み中に東京方面から九州に行き先を変更せざるを得ませんでした。

実施時期については、再びコロナが感染拡大を始めた時期と重なり、変更すべきか迷いましたが、結局、予定通り5月に実施しました。実は、この年、夏に爆発的な第7波の感染拡大があり、実施しておいてよかった！　と、後で振り返ったものです。つくづく私は運に恵まれていると思いました。

3年目のこの年も、実施後に感染者が出るようなこともなく、無事に終えることができました。結局、3年間、2泊3日の修学旅行をやり遂げることができました。もう〝根性実施〟です（笑）。

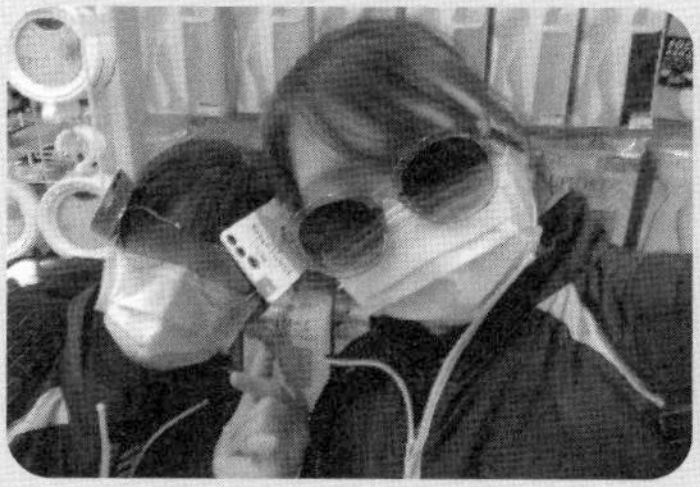

修学旅行の思い出の数々

このように大変な思いで実施した修学旅行でありますが、3年生にとって楽しい思い出となったのなら、私たち教職員にとって、これ以上にない幸せなことだと思っています。そのための苦労など、何とも思いません。

今、改めてこの3年間を振り返り、修学旅行に行けてよかったと心から思っています。私自身、生徒たちの楽しそうな笑顔を見ることができて、本当に幸せな3日間であったことは間違いありません。

以上、ここでは体育祭、音楽発表会、そして修学旅行の3つの行事を取り上げましたが、ここに書いてきたこと以外でも、この4年間、事あるごとに運に恵まれた4年間であったと思っています。

その一つにこの4年間、行事が雨で中止になったことは一度もありません。ほぼすべての行事が快晴のもとで行われています。これだけでも私が運に恵まれていたことがわかっていただけるでしょう(笑)。

とにかく校長をしていると、様々な苦しい局面に出会うことが多いです。でも、私がいつも心がけていたことが、「ポジティブ思考」と「笑顔」です。いつも「何とかなる!」という楽観的なポジティブ思考で乗り切ってきました。そして実際に何とかなってきたのです。

「ポジティブ思考」と「笑顔」、この二つは苦しいときほど忘れてはいけないと思います。幸せの神様は、前向きな人間に微笑むのです。

4　学校のリスクマネジメント

ところで学校は、コロナを抜きにしても日常的に様々な課題を抱えています。それらのリスクに対しても、普段から対策が必要です。

そんな中でも、ここではどの学校でも間違いなく課題となるであろう重要な3つの問題「自然災害問題」「不登校問題」「いじめ問題」に対してのリスクマネジメントを考えてみることにします。

(1)自然災害問題

地震や津波、火事などの災害については、当然ながら、年に数回にわたり、避難訓練を学校行事として実施しています。それぞれの災害に対しては、置かれている各学校の状況に応じて、具体的な対応策が考えられています。

ただ状況によっては、そのルールを無視する決断をすることも校長には必要です。警報が出ていなくても、強風が吹いている状況では、登校させることができない場合もあります。

私が、上津中学校で校長をしているときも、一度、そのような決断を行いました。暴風警報は解除されていましたが、まだかなりの風が吹いている状況でした。そこで他学校の児童生徒が登校している中で、本校だけ登校を遅らせたのです。校長は、絶えず「最悪の事態を想定する」ことが必要です。それを踏まえた決断でした。

それから、不審者に対する対応は、これからの学校には必要です。本校でも令和4年4月22日（金）に、不審者対応避難訓練を初めて行いました。

2001年の大阪教育大学附属池田小学校の事件のような惨事を二度と起こさないようにするためにも、これからはこのような訓練はますます必要になってくると考えています。

不審者対応　避難訓練の様子

（2）不登校問題

不登校の小中学生が増えています。最新の2021年度調査では24万4940人となり過去最高です。この傾向は、コロナ禍以降、加速していると言われています。

登校することが自殺につながるケースも見られ、死ぬくらいだったら、「無理にいかなくても…」という風潮も広がっていることも数字の増加につながっています。校長としても、この問題は避けては通れません。

ここでは、詳しく述べる紙幅はないのですが、拙著『子どもの心をどうつかむか』（明治図書出版1997年）の中で、かなりの誌面を使って、この問題について執筆したことがあります。

この拙著は、私が教職10年目に書いた初めての本で、かなり粗い内容ではあるのですが、今読み返しても、核心をついていると思っています。

その本でも紹介している北林正氏の実践は次の通りです。

①　無理に接触しようとしない。
自室に閉じこもっているときは、けっして部屋に入らない。

②　週何回、月何回というペースを守り、できれば曜日も決めておく。

③　時間は午前中をさけ、放課後か夜、できれば日曜日や休日を選ぶ。
接触する場所も、子どもが心を開ける場所を考える。

④　訪問したら何をするのか、計画を立てておく。
⑤　「登校しよう」と直接的な話はしない。
　学習や進路のことも慎重に話す。

『登校拒否の子どもの指導・24の誤り』（北林正著　明治図書出版　P.79）

この視点は、職員にアドバイスを与えるときの私自身の基準になっています。個々の置かれている状況が様々であるため、このままというわけにはいきませんが、参考になります。

事態が深刻な場合、不登校児童生徒の「居場所づくり」についての検討を職員間で進めていくことを考えます。例えば、「特設ルーム」の設定、不登校児童生徒対応の時間割、相談体制の確立などによる「居場所づくり」です。

ただ、これには人員の確保等の課題も伴うため、校長のリスクマネジメントが求められるのは事実です。

毎日のように青少年非行や、いじめ、自殺などの事件が報じられる現在、どの子も不登校の可能性を秘めていると言っても過言ではありません。不登校児童生徒を指導するには、登校できる子どもたちを指導する方法では通用しない場合が多く、校長としても、あらためて専門的に学んでいく必要性があると感じています。

（3）いじめ問題

この問題も深刻です。学校におけるいじめ対策を初めて法制化した「いじめ防止対策推進法」が成立して10年。学校におけるいじめの認知件数は、減るどころか現在も増加傾向にあります。

文部科学省によると、いじめの認知件数は調査開始2013年度には18万5803件でしたが、2021年度には約3倍の61万5351件に上り、過去最多を更新しました。これには、いじめ問題解決のために、各学校に、より積極的な認知が求められ、些細な事案も「いじめ」として挙げるケースが含まれているという事情もあります。

ただ2013年度に179件だった重大事態が、2019年度には723件にまで増えています。コロナ禍などで一時減少しましたが、2021年度には再び増加して705件となっているという事実からも、いじめは増えているのは間違いのない事実です。

ここでいう重大事態とは、「いじめにより当該学校に在籍する児童等の生命、心身又は財産に重大な被害が生じた疑いがあると認める」事態、「いじめにより当該学校に在籍する児童等が相当の期間学校を欠席することを余儀なくされている疑いがあると認める」事態（いじめ法第28条第1項）と定義されていて、いじめの緊急事案を意味しています。この重大事態においては、即座の対応が求められます。

重大事態に至らずとも、各校においては、普段から各学校で作成されている「いじめ対応マニュアル」の確実な執行が必要です。

各教職員は、「いじめ対応マニュアル」の内容を十分に周知した上で、「いじめを絶対許さない！」という強い姿勢を貫かなければなりません。もちろん、この考えは児童生徒にも植え付けていくことが求められます。

そのためには、新設された道徳科授業の充実が求められるのはもちろん、次のような対応を取る必要があります。

まずは、いじめアンケート等を定期的に行い、いじめの把握に努めること。さらに気楽に何でも相談できる体制をつくり、保護者や児童生徒の相談に真摯に対応すること。

もし、気になる事案があれば、ただちに次のような「いじめ対策委員会」を立ち上げ、対策に向かうことが必要です。

【いじめ対策委員会】

1．目標

学校生活におけるいじめ問題の予防・調査・解決のために、本委員会を設置する。

《「いじめ」とは》

「いじめ」とは、「児童生徒に対して、当該児童生徒が在籍する学校に在籍している等当該児童生徒と一定の人的関係のある他の児童生徒が行う心理的又は物理的な影響を与える行為（インターネットを通じて行われるものも含む）であって、当該行為の対象となった児童生徒が心身の苦痛を感じているもの」とする。なお、起こった場所は学校の内外を問わない。

2．構成メンバー

校長、教頭、養教、学級担任、学年代表、その他そのときの状況に応じてメンバーを構成する。

3．会議

学期に1回の定例会、及び問題が生じたときに随時開催する。

4．活動方針

（1）教師によりいじめが発見されたとき、児童生徒や保護者から訴えがあったときは直ちに解決のための行動に移る。

（2）担任は、その日のうちに校長に概略を報告する。必要なときは、その日のうちに本会議を開き、方針を決め取り組みを開始する。

（3）担任は、校長に日々の報告を行い、改善が見られないときは、別途具体的方針を立て直す。

5．留意事項

（1）問題の発見・解決には、間を置かず早期に対応する。

（2）具体的に方針を決定し、教職員全員がその方針のもとで動く。

（3）基本的に解決するまで対応を行う。「解決」の確認は、必ず校長があたる。

（4）「個人名」「家庭内事情」等、教職員以外は非公開として動く。

最後に、学校事故に対する校長の基本的な姿勢と心構えを紹介して本章を終わります。

校長が学校事故の第一報を知らされた時にどうするか。まず肝心なことは、気持が、腰が逃げないことが大事である。事態に正面から向き合う決意が必要である。校長は逃げない。逃げてはいけない。まず職員の前で、そういう姿勢を見せなければいけない。校長は責任者という立場の上からも逃げられない。全ての事実を受け入れなければならない。校長として、第一に心すべきことである。

『47のエピソードで学ぶ学校のリスクマネジメント』（櫻井靖久著　学事出版　P．18）

やはり覚悟が必要なのです。

COLUMN 7

忘れられない誕生日

奮闘記4にも書きましたが、生徒たちが時折、校長室を訪れてくれます。そんなさりげない日々の中で、大変嬉しい出来事がありました。

6月8日は私の誕生日なのですが、たくさんの生徒が校長室を訪れ、「お誕生日、おめでとうございます」と祝福してくれました。

3年生の生徒たちは、全員で寄せ書きまで書いてくれました。他の学年の生徒たちもメッセージを届けてくれました。そんなメッセージの中に、こんな文章がありました。

・いつも明るくて優しい、私たち生徒を全力で応援してくださる校長先生が私も大好きです。

・いつも全校集会のときが楽しいので、実は全校集会をとても楽しみにしています。

・とにかく熱いお話には、いつも軸があって、愛があって、聞き入ってしまいます。

・お話は、ためになり面白いです。これからも生徒思いの素敵な先生でいてください。

・校長先生には、いつもお世話になっています。すごく頼れる校長先生なので、卒業までよろしくお願いします。

こんな文章を読んでいると、全校集会などで、誠心誠意、真心で話したことは、生徒たちの心に伝わっているんだなぁと、本当に嬉しくなります。家に帰って、もう一度、メッセージを読み返し、涙が溢れました。私は、本校の生徒が大好きでなりません。みんな、ありがとう!

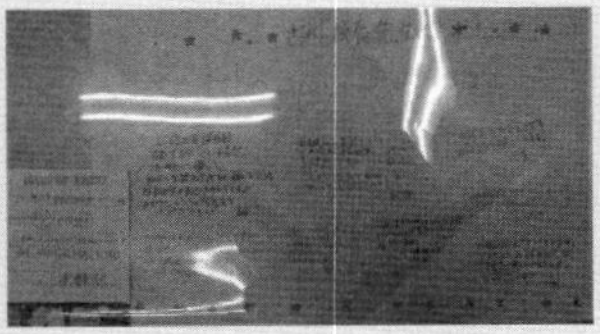

生徒からのメッセージ

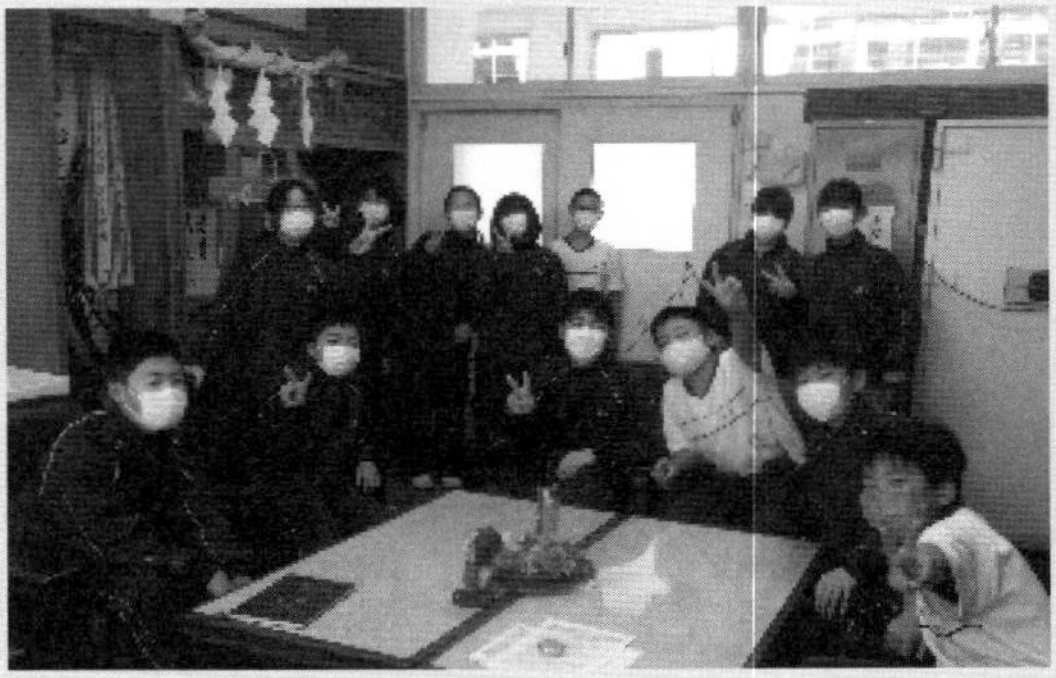

誕生日当日の写真

奮闘記8

当たり前のことを、当たり前にする

—当たり前のことをしっかりやれる力こそ、本物の力—

1 「テスト」も「宿題」も「校則」も「制服」もすべて必要

私の信条は、「当たり前のことを、当たり前にする」ということです。そのことは、職員にも生徒にも、事あるごとに言い続けてきました。

当たり前のことができてこそ、大きなことができるのです。忘れてはいけないのは「大切なことは、いつも当たり前の中にある」ということです。当たり前のことができなくて、大きなことができるはずがありません。もっと大切なことは、人が見ていないところで、当たり前のことが当たり前のようにできるということです。それが正真正銘の本当のその人の実力です。真価が問われます。

世の中、ちょっと変わったことをすると、改革だ！　革新だ！　と言って、もてはやされる傾向があります。ただ、そんな改革の効果は、こと学校現場においては一時的なものなのです。長続きしません。カリスマ的なリーダーが存在している間だけの期限付きなのです。

「テスト」も「宿題」も「校則」も「制服」も必要ない！　というような実践書も出ています。注目され、売上部数も出ているようです。

ただ、私はその反対です。「テスト」も「宿題」も「校則」も「制服」もすべて必要だと思っています。

社会に出れば、昇進試験はあるし、仕事上の課題もある。職場のルールだってあるし、制服を着る会社もあります。

こんなことは当たり前なのです。学校も同じです。中学校には「テスト」も「宿題」も「校則」も「制服」も必要なのです。

このような当たり前のことに、しっかり取り組めないようであれば、社会で通用しないとすら私は思っています。

自分が今、やりたいことを我慢して宿題に取り組む。テストの前は、少し上の自分を目指して努力する。おしゃれな髪形や洋服にしたいけど、ルールに沿う形で自分を納得させる。このような行いは、すべて一人前の大人になっていくための修行なのだと思います。

このような「当たり前のことを、当たり前にする」ということが生徒には大切なのです。中学生に楽をさせてはいけません。

2 上津中学校の当たり前

本校生徒には、令和2年度第2学期の始業式（R2.8.17）で、次のような話をしました。

講演会で聞いた「ホテルニューアワジ」の木下学社長の話をします。

木下社長は、民宿の子として生まれました。その後、「ホテルニューアワジ」に入社し、経営悪化した旅館を次々と引き継ぎ、今や西日本中心に15のホテルを構えるまでになりました。その木下社長は、つぶれるホテルの共通点として、次の3つのことを挙げました。
○トイレが汚い
○スタッフが無愛想
○物品等の管理ができていない
そして、そんなホテルを立て直す一歩は、「元気で、さわやかなあいさつ」と「掃除の徹底」であると言われました。

実は、この2つのことは学校にもまったく当てはまると思いました。このことは、4月の始業式で皆さんに話した「当たり前のことを、当たり前に、しっかりやる！」ということでもあるのです。

「挨拶をさわやかにする」「掃除をしっかりする」…このようなことは、当たり前のことではあるのですが、なかなかできないのも事実です。

忘れてはいけないのは「大切なことは、いつも当たり前の中にある」ということです。

今学期も、当たり前のことを精一杯、頑張ろう！

ここから、上津中学校のいくつかの「当たり前」を紹介します。

(1)ハインリッヒの法則　―校内環境は、いつも新鮮に―

ハインリッヒの法則というものがあります。災害における経験則の一つで、一つの重大事故の背後には29の軽微な事故があり、その背景には300の異常(ヒヤリ・ハット)が存在するというものです。

一つのヒヤリ・ハットも、重大事故につながる前に危機感を持って対応しなければならないという法則です。「ハインリッヒの災害トライアングル定理」または「傷害四角錐」とも呼ばれています。

荒れに荒れた学校を立て直す第一歩を校内のごみを無くすことから取り組んだ例、あるいは脱いだ靴を徹底的に揃えることから取り組んだ例、だらしない掲示物をきちんと整理することから取り組んだ例、これらはハインリッヒの法則を逆手に取ったものです。

つまり、一つの気になる事案を改善させることから、軽微な事故を防ぎ、重大事案を解決していくという考え方です。

荒れた学校は、間違いなく校内環境が悪化しています。生徒が荒れていて、校内環境が美しく整っている学校は皆無です。

授業を見たり、校舎内を歩いていて、上津中は絶えず校内環境に意識が向けられ、廊下の掲示物もさりげなく変更されているのに感心しています。ややもすれば、手を抜きがちな所ですが、本校の教職員の意識の高さを感じます。しかもその掲示物の内容には、いつも感銘を受けています。この環境で、生徒が荒れるはずはありません。

次のページに、写真を掲載しています。何も派手なことをする必要はありません。当たり前に設置された掲示スペースを、当たり前に整備することが大切なのです。

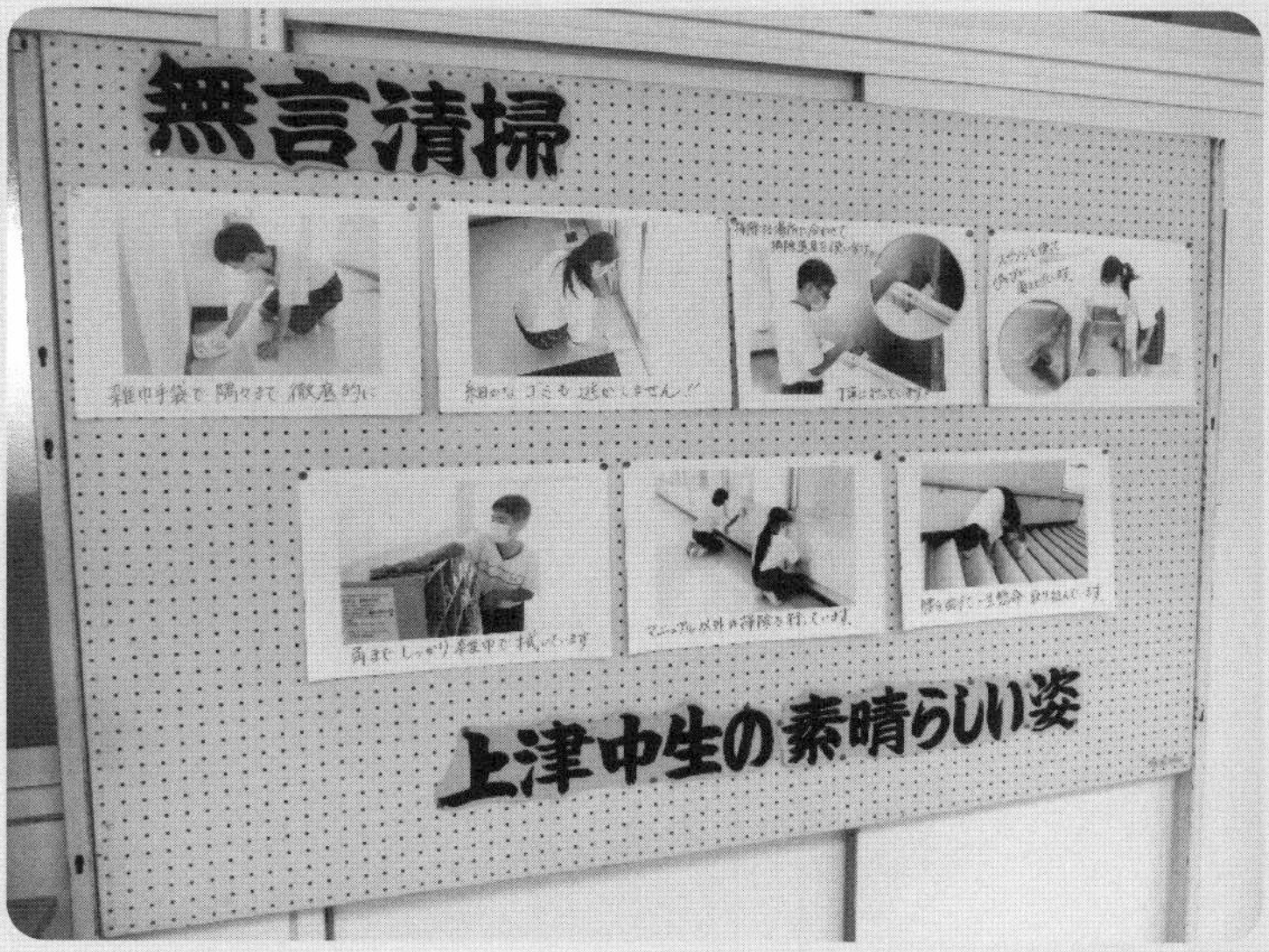

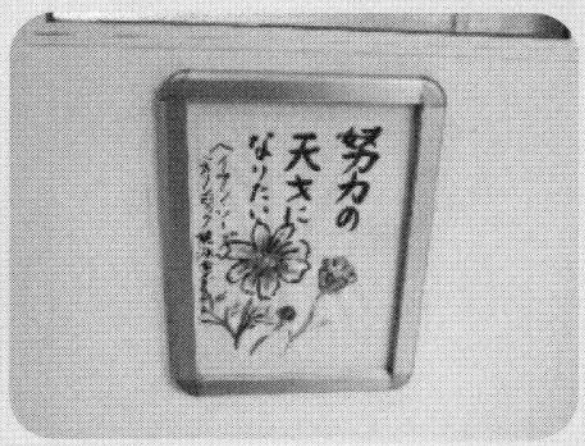

廊下に掲示された教師のメッセージと
生徒の活動写真

(2)きちんと整理された靴箱

校舎内を見回っていると、生徒たちの靴箱に目がいくことがあります。靴箱を見れば、その学校の様子がわかると言われています。

かかとまで、きちっと一直線に揃えられている様子を見て、「なるほど、こんな靴箱なら、学校は荒れないよな…」と実感しています。

こんな当たり前のことを、当たり前にしっかりとできる本校の生徒は、本当に素晴らしいと思っています。

整理された靴箱の様子

こうなるには、日々教師が、しっかりと目を行き届かせていることが必要です。少しでも乱れると、さりげなく声かけをして意識を向けさせます。

す。

(3)居心地のよい教室

奮闘記3でも書きましたように、私にとって一番大切なことは、校内の様子を知るということです。

校長室にこもるのではなく、できるだけ学校内の様子を把握したいと思っています。生徒たちや教職員、そして学校内の色々なことを把握するのは、校長の大きな仕事だと思っているからです。そのため、特別なことがない限り、私は毎日のように、ぶらりと教室を訪れます。もちろん生徒も職員も承知しています。誰も気にしません(笑)。

小学校校長のときも、中学校校長のときも、ぶらりと授業を見に教室に行きました。だからと言って、授業に対して指導するというわけではありません。そんなことは、ほとんどしません。もちろん、気になることは後で話をしますが、それよりも教室の雰囲気を感じたいのです。

生徒が一生懸命、授業に取り組む姿、教師が精一杯に指導している姿。そんな姿から、生徒や教師の体調やクラスの雰囲気などを感じ取ります。

さて、そんな感じで教室を回るのですが、本校の生徒は、いつ教室をのぞいても一生懸命、集中して授業に取り組んでいます。

教室が、居心地のいい空間になっているからです。授業を見ていて落ち着くのです。素敵な空気が流れています。

本当に、いつ行っても同じなのです。教師によって態度を変えるとか、昼からだらけているとか、そんなことは一切ありません。本当に感心しています。当たり前のことが、当たり前に、しっかりとできています。

このことは、普段からそのような状態が継続するように、教師全員で意識しているからできるのです。教師間で指導ノートを共有し、気になることを、そこに書き込むことで、即座に軌道修正ができるようにしているため、このような状態が継続するのです。

集中して学習に取り組む生徒たち

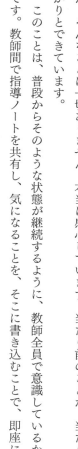

（4）無言清掃の取り組み

掃除オリエンテーションの様子

上津中学校は、清掃活動にも力を入れています。まずは、毎学期、掃除場所が変わったタイミングで、掃除オリエンテーションを行っています。この時間に、各掃除場所の掃除の仕方や約束事などを徹底しておきます。

上の写真が、そのときのものです。次ページには、掃除オリエンテーションの流れを掲載しています。

令和4年度は、お隣の小学校からの依頼を受け、掃除の指導に3年生が出向いて実際に小学生に指導しました。

本校の掃除は、無言清掃です。掃除中は、一切しゃべりません。それが当たり前になっています。187～188ページに、普段の掃除のときの写真と、お隣の小学校に指導に行ったときの様子を掲載しています。

掃除オリエンテーションの流れ

1日の学活で清掃分担を決定

9/2朝のSHR・・・　自分の清掃分担区と分担区で集合する場所を知っておく。

3校時　10：40　分担区ごとに集まり、マニュアル作成（筆記用具持参）

分担区	集合場所	担当教師
1年教室、英語教室、東西手洗い場	1年教室	○○先生
2年教室、東階段、2階廊下	2年教室	○○先生
3年教室、2F男子トイレ	3年教室	○○先生
ゆう学級	ゆう学級	○○先生
1F女子トイレ、1F廊下、美術室／図書室、西階段、西昇降口	図書室	○○先生
被服室／調理室、特別校舎女子トイレ	被服室	○○先生
技術室／音楽室、特別校舎廊下	音楽室	○○先生
理科室、特別校舎男子トイレ、特別校舎手洗い／東渡り廊下	理科室	○○先生
西渡り廊下～体育館周辺、更衣室、更衣室トイレ	英語教室	○○先生
体育館トイレ、体育館	英語教室	○○先生
東昇降口、移動班	生徒会室	○○先生

10：40～　環境部長：○○より放送　進め方について大まかに説明（2分）

① 自己紹介

② リーダーの決定、及び、点検表を集めて持っていく人（各分担区で持ってくると混雑するので。）を決める。
点検表を取りにくるのは掃除始まりに来ると混雑し、掃除開始が遅れるので、お昼休みに取りに来るとか、工夫する。

③ 1学期のマニュアルの見直し（1学期の担当者が書いた引き継ぎ内容を参考にしながら考える）2学期のマニュアル作成

④ 今学期の役割分担の検討

⑤ 掲示用「まかせてください！！この分担区」にメンバーと目標を丁寧にマジックで書く
（今回は各分担区の目標をリーダーが発表しません）

11：10～　各清掃分担区へ移動
11：15～11：25　掃除　（この際、掃除用具の確認や掃除用具の手入れも行ってください。）

11：35　終わりのSHR

普段の掃除の様子

小学校での指導の様子

COLUMN 8

小学校・中学校の違い

既に述べてきたように、初任からずっと小学校でやってきた私ですが、教職最後に初めて中学校で勤務させていただきました。

中学校へ行って、これまで小学校34年間の考え方を色々と改めざるを得ませんでした。それほどこの経験は貴重でした。

例えば、私が若かりし頃、「中学校の先生は授業が下手だ」という論調が教育界に流れていました。私も時々見かける〝教師の解説が中心の中学校の授業〟を、そのように思っていたときもあります。ただ、中学校に勤務してその考え方は一変しました。

冬休みに読んだ、サッカーの三浦知良選手が書かれた『カズのまま死にたい』（新潮社）という本の中に、次の一節があります。

『学校の先生と、受験に受からせる先生は違う。教育の理想と受験の現実は違うから』（P.269）

この言葉に、我が意を得たり！　と思いました。

そうなのです。ある意味、小学校現場は教育の理想を追っています。でも、中学校現場は生徒の将来のために受験に受からせることに責任を負っています。だから授業の形態も、小学校とは少なからず違ってきます。少なくとも、受験に必要な知識は、教え込んででも身につけさせる必要があります。そんなことを、この3年間で実感しました。

このような体験を通して、今言えることは、やはり小学校・中学校を、両方体験することは、本当に意味のあることだということです。中学校では受験や部活、思春期の生徒たちの心など学ぶことが多くありました。

COLUMN 6で書いたように、評価の違いにも大きな刺激を受けています。中学校と小学校の評価は、こうも違うんだと！　虎穴に入らずんば虎子を得ずです。

小学校の教師は、ぜひ中学校も体験してほしいです。世界が広がると思います。もちろん逆も言えることです。

奮闘記9

やるからには楽しむ

―ビジョン、パッション、ハイテンション―

1　〝目から鱗〟の一言　―校長先生、楽しんだらいいんですよ―

中学校に着任した当初、なかなか自信を持てず、右往左往していたとき、学校に出入りしている教材社のお一人に、何気なく、次のように愚痴をこぼしたことがあります。

「〇〇さん、どうしよう？　私に中学校の校長が務まるんだろうか？」

するとその人が、私に次のように言われました。

「校長先生、楽しんだらいいんですよ。貴重な体験ができるんですから、おおいに楽しんでください」

私にとって、その一言は衝撃でした。本当にそうだな！　と心から思いました。あれこれ悩む暇があるんだったら、初めての中学校体験、どのようにすれば楽しくなるか考えよう！　と、悩みがパァーと晴れました。私の心に明るい日差しが差し込んできたのです。まさしく〝目から鱗〟の一言でした。

それからというもの、どうすればこの上津中学校が、今以上に楽しい雰囲気になるのか！　ということをいつも考えるようになりました。

私が楽しく学校運営をすれば、職員も生徒たちにも明るい気持ちが伝わり、きっとみんなが楽しくなるに違いないと思いました。そうして実践してきたことは、この本の中にも書いてきました。

実は、「楽しむ」ということは、コロナ禍中でも言えることでした。

私が中学校に着任してここまで、ずっとコロナウイルスに翻弄されてきました。三河小学校での閉校という大役を終えた後、次は初めての中学校ということで、心機一転、フレッシュな気持ちで着任したものです。

ただ、その緊張感も、一瞬にして吹っ飛び、いきなり2カ月の休校に突入しました。その後は、とにかくコロナ対応に振り回される日々が続きました。参観日は実施できず、体育祭も無観客で行うなど、様々な対応に追われました。

結局、そのような状態が2年間続き、ようやく終息の兆しが見えたかと思えた令和4年の幕開けも、またまたオミクロン株の感染拡大で、これまで以上に気を遣う有様でした。

本当に、人生は思うようにはならないものです。まあ、これは今に始まったわけではありません。これまでの人生も、なかなか思うようにはいかないことも多かったです。

ただ、今考えると、それが不幸だったかと言えば、それは違います。色々な不運に見舞われたお陰で、今があると思っています。

つまり、何が大切かと言うと、「思うようにならない中で、思うように生きる」ということなのです。このことは、元新潟県中条小学校長の酒井臣吾氏から学んだことです。制約があれば、制約の中でできることを考え出す。それがクリエイティブな生き方です。

ということで、この3年間、校長として、なかなか学校運営も思うように進まない中ではありましたが、そんな思うようにならない中で、思うように実践してきたことが、本書に書いていることなのです。だから、これまでのことにまったく悔いはありません。これが、この3年間の私の精一杯だったと思っています。

職員にも同じようなことを話しています。

「『できん、できん』と嘆くよりも、できない中ででも、できることを、工夫して精一杯やっていきましょう。そんな姿は生徒にも反映します！」と。

このような考え方は、すべて、冒頭に書いた「校長先生、楽しんだらいいんですよ」という言葉に支えられています。この言葉は、私の校長としての自信を生み、前向きにさせてくれた言葉なのです。今も本当に感謝しています。

2 学校経営は「ビジョン」「パッション」「ハイテンション」

学校経営は、わかりやすく言えば、「ビジョン」「パッション」「ハイテンション」で行います。つまり、未来像を描き、それに向かって、熱いハートで、上機嫌で進んでいくのです。

『世界一ワクワクするリーダーの教科書』（大嶋啓介著　きずな出版　pp.3-5）という本に、次のようなことが書かれています。

「リーダーのあり方で、もっとも大切なことは何?」と聞かれたら、僕は間髪いれずに、

「ワクワクしていること」

と答えます。(中略)

脳科学の視点からメンタルトレーニングを指導してくださった西田文朗先生は、

「成功する人には、成功する脳の状態がある。

成功する人は、ワクワクしているから潜在能力が引き出され、成功していく。

成功したからワクワクするのではない。

ワクワクしているから成功するのだ」

と、言われています。


また『99%の人がしていない　たった1%のリーダーのコツ』(河野英太郎著　Discover　p.174)という本には、次のようなことが書かれています。


リーダーにとって感情(心)を整えることはとても大きなテーマです。

トップの優秀なリーダーを見ていると、100%間違いなく上機嫌な人ばかりであることに気がつきます。(中略)

人は、ネガティブな反応しかしない人についていきたいと思いませんし、話しかけたいとすら思わないからです。

このように、できるだけいつも上機嫌でいることを心掛け、ワクワクしながら毎日を送っていくことが、明るい未来を生むのです。

毎日を楽しむことです！

3 「体育祭」を思いっきり盛り上げる

奮闘記7で、コロナでも絶対に外せない行事として、体育祭、音楽発表会、修学旅行をあげました。本校において体育祭は、コロナの影響を大きく受けた行事の一つです。

その大きな影響の一つに半日開催になったということがあげられます。これまでは一日開催でしたが、飲食を挟むことができず、半日で開催することにしたのです。ただ、これについては、保護者には意外と好評で、短時間で効率的にやってしまう体育祭の新たな姿をクリエイトすることができました。

私は、上津中学校在籍中の3年間で三度の体育祭を経験したのですが、1年目の体育祭は、奮闘記7で書いた〝本校史上最大級の危機〟のあおりを受け、1か月ほど延期せざるを得ない状況に追い込まれました。

2年目もコロナの影響で、今度は上津中学校史上初となる無観客開催となり、保護者の皆様に大変寂しい思いをさせてしまいました。

そして3年目。この年も夏休み中からの感染爆発で開催が危ぶまれましたが、幸いにも本校には感染者が出ず、三度目の正直で、やっと予定通り実施することができました。

私にとっても、教職最後の体育祭ということで感慨深いものがありました。「何とか大成功で終わらせたい」そんな思いばかりが頭をよぎりました。

当日は、いつも通り、各競技、生徒たちの素晴らしいパフォーマンスが繰り広げられました。熱いハートを燃やし切り、生徒たちのド根性で、すばらしい演技が続きました。見ていて本当に爽やかで、きびきびとした素敵な体育祭になりました。

そんな中で、職員も生徒たちの思い出づくりに協力しよう！　ということで、学年対抗リレーに、教職員チームで参加することにしました。私もアンカーで出場しました。3年生担任が、そのときの専用リレーTシャツを私の顔入りでつくってくれました。

もちろんリレーでは、生徒たちとは勝負にはならないので、盛り上げに徹しようと、私は被り物で出場しました。199ページの白黒の写真ではわからないかもしれませんが、EXITの兼近さんのようなピンク色のカツラを被って走っています。

やはり、校長自ら〝楽しむ〟という姿勢を貫きました。走っているとき、保護者も大きな拍手で応援してくださいました。

好天にも恵まれ、終始、真剣さと笑いで包まれた最後の体育祭。また一つ、大きな行事を楽しみながらやり終えました。

残念ながら最下位でゴール

綱引きの判定旗も
私の顔が（笑）

職員が作ってくれた私の顔入りのTシャツ

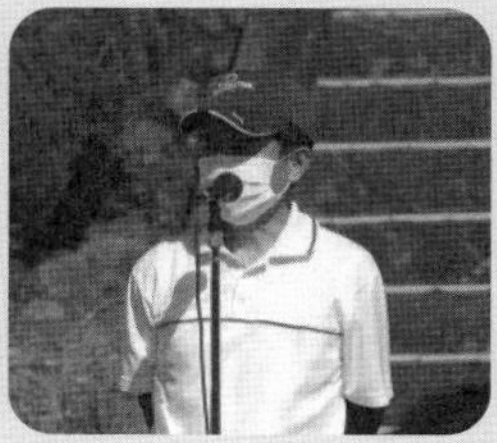

開会の挨拶もマスクをつけて

4 総合的な学習の時間「トキメキ講座」は、上津中になくてはならないもの

上津中学校の総合的な学習の時間は、全校生徒で「ひまわり栽培」を行っています。この活動を「トキメキ講座」と呼び、もう20年以上が経過しています。「上津と言えばひまわり、ひまわりと言えば上津」と言われるぐらいに有名です。

実は、兵庫県佐用町では全国的にも有名な「ひまわり祭り」が毎年開催されます。7月下旬から8月上旬にかけて、町内3地区を時期・地区をずらして合計約14ha、約60万本のひまわりが開花します。

その畑の一角に、本校生徒が、毎年、世界のひまわりのコーナーをつくって大切に育んでいます。それが「トキメキ講座」です。地域に密着した総合活動です。

地域の皆さんも、上津中のひまわり畑を楽しみにしてくれています。作業中の生徒たちに、励ましの言葉をかけてくださいます。

ちなみに、次のページのような世界のひまわりが咲き誇ります。まさに壮観です。

4月から7月、つまりほぼ1学期のすべてをかけて、全校生徒が縦割り班で、ひまわり栽培に取り組むのです。毎年の一大イベントです。

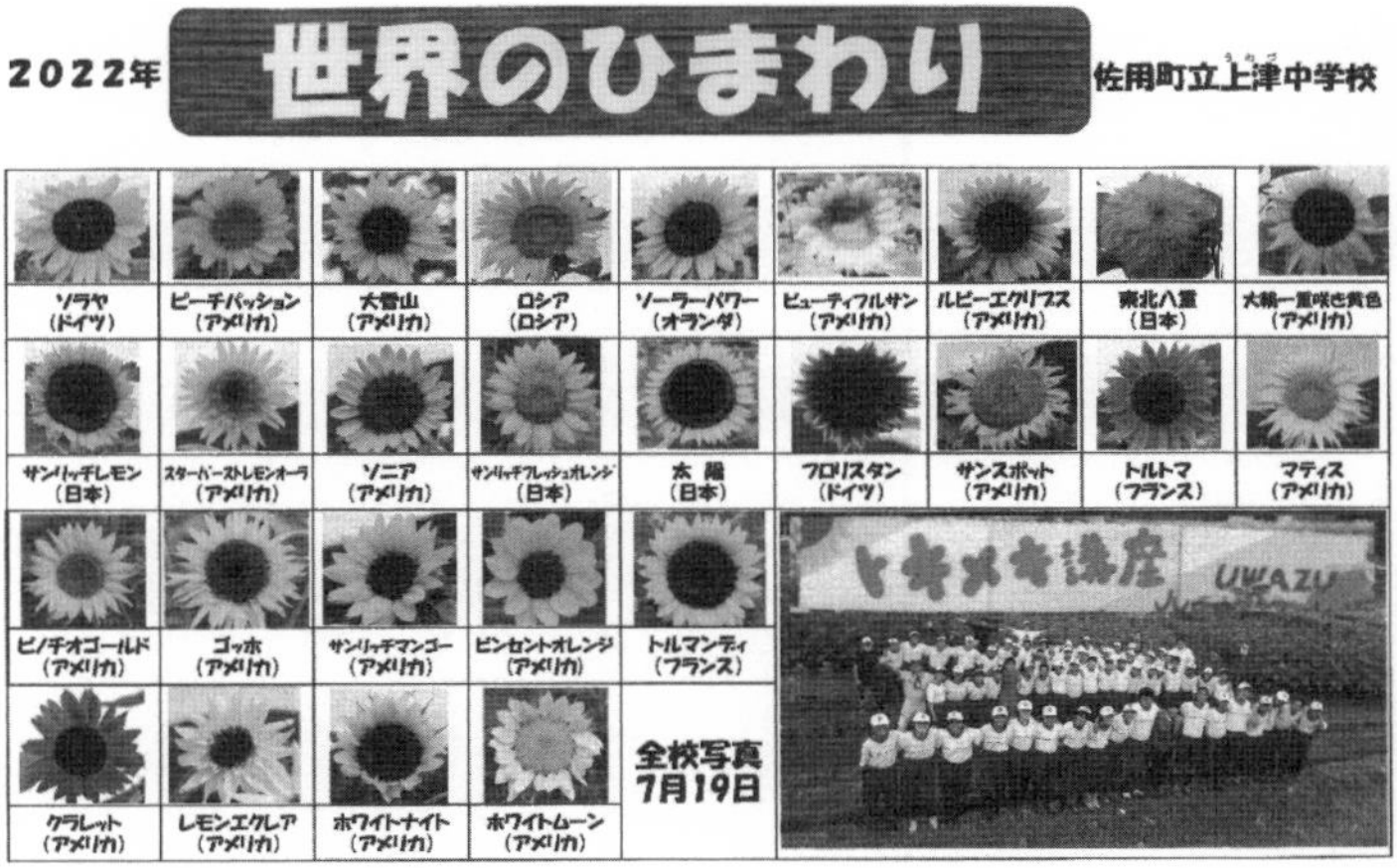

トキメキ講座で咲き誇る「世界のひまわり」

毎年、佐用町の広報誌や新聞、そして全国テレビなどにも取り上げられ、ものすごい数の観光客で賑わいます。

令和4年度も、7月13日のMBS毎日放送の「THE TIME」の中で紹介されました。放送当時は、「世界のひまわり」は、まだ開花していなかったため、「ひまわり迷路」が取り上げられました。翌日は、「見ましたよ！」と、かなりの反響がありました。ところで、テレビ放送は毎年入るのに、これまで「上津中学校」という名前が放送されたことがありませんでした。そこで、この放送の前日リハーサルに突然お邪魔し、上津中学校の活動を番組のどこかで紹介してほしいと申し入れしたところ、番組の中で、しっかりとコメントしてくださいました。イチかバチか、やってみるものです（笑）。

さて、当然ながらこの「トキメキ講座」の期間は、夏の暑い時間の長時間の作業になるのですが、職員も生徒たちも、そんな暑さを嫌がるというよりも、むしろ楽しみながら取り組んでいます。

学校に来にくい生徒たちも、この活動には参加していることもよくあります。それほど充実感のある活動になっています。

毎年、種のポット植えから始まるこの作業、そのポットで芽が出るくらいまで育てた後は、畑に移します。そして肥料を与え、草を抜き、水をやります。最後は、看板を立て、ひまわり迷路をつくり上げます。根気のいる作業の連続です。

さて本校に着任した1年目、その「トキメキ講座」のことで、いきなりピンチが訪れました。と言うのも、4月から5月まで生徒たちがコロナ休校で学校に来ないのです。さすがに、この「トキメキ講座」は延期するわけにはいきません。ひまわりの季節は、否応なしにやってきます。

生徒が来ない以上、今年度は、トキメキ講座も中止か！　と、さすがにこのときはあきらめかけました。ところが、このピンチを職員の次の一言が救ってくれました。

「職員でやろう！　生徒がこれまでやってきたポット飢え作業は必要最小限だけ行って、あとは畑にひまわりの種を直まきしよう！」

これは妙案でした。ただ、生徒全員でやっていた作業を職員のみで行うため、かなりの負担を伴います。まさしく暑さの中の重労働です。

ただ誰も反対するものもいませんでした。やはり「ひまわりは上津中に欠かせない」という思いが職員の中にはあったのです。

作業中は、冗談を言い合ったりして、笑いが絶えず、みんな楽しみながらの作業が続きました。当時の教頭と二人で、よく草抜きにも行きました。実はこの草抜き作業も思いの外、楽しかったのです。爽やかな風の中での畑仕事は、私の心を癒してくれました。

このようにしてピンチをしのぎ、生徒たちが学校に戻ってくるのを待ちました。生徒が戻ってからは、いつもの活動へと自然につなげていきました。

そうして夏には、何もなかったかのように、見事にひまわりの花を咲かせることができました。職員の一言が、上津中のピンチを救ったのです。この活動で、職員の気持ちも一つになりました。

ピンチはチャンス！　どうせやるなら、〝楽しむ〟ことが秘訣なのです。

左の写真が生徒不在中の職員の活動です。

ポット植え

畝（うね）切り

ポット移植

種直まき

COLUMN 9

夏のかおり

令和4年度は、3年ぶりに「ひまわりボランティア」を実施しました。ひまわり会場には、近隣の府県からも多くの観光客が来られます。その観光客の皆さんに、世界のひまわり畑を紹介したり、ひまわり迷路を案内したり、ひまわりの種をプレゼントしたりするボランティアを上津の生徒たちが行っています。これが「ひまわりボランティア」です。

現地では、たくさんの観光客の訪問がありますが、対応した生徒たちは、笑顔でコミュニケーションを取ることができていて可愛いです。

さて、毎年7月下旬には、ひまわり祭りの最後を飾る「南光花火大会」が行われます。夜空に打ち上がる花火は、それはそれは綺麗なものです。毎回、たくさんの見物客で大賑わいになります。

8月上旬の登校日には、トキメキ活動最後の後片付けを行います。猛烈な暑さのため、短時間でさっと終え、あとはアイスクリームを食べて終了です。さっと片付けてしまうところが上津の生徒の素晴らしいところです。

毎年のトキメキ講座、取り組んでいる間は、長く厳しい時間のように感じます。ただ、終わってしまえば、「あっ～また今年も終わったなぁ～～」と、感慨深いものがあります。

実は今年度から、お隣の南光小学校の児童たちも、この活動に参加しています。そのことが生徒のやる気をさらに向上させています。素敵です！

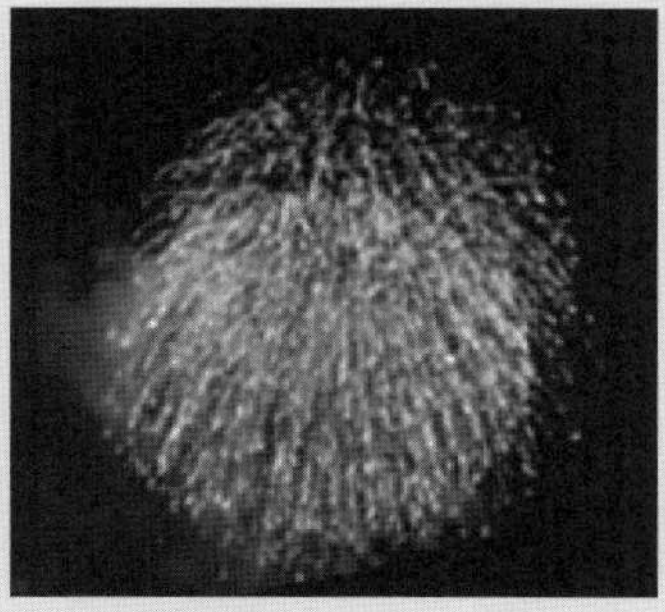
南光花火大会

片付け作業の様子

「ひまわりボランティア」の様子

奮闘記10

影武者になりきる

―プレーヤーからプロデューサーへの意識改革―

1 校長は、辞表を出す覚悟さえあれば務まる
―表には出ないが、責任は持つ―

管理職を目指そうとする人は、学級担任をバリバリやっていた人が多いです。そのため、どうしても前に出たがる傾向があります。注目を浴びて、目立ちたいのです。

しかし、管理職を目指すなら、完全にプレーヤーから身を引く覚悟が必要です。〝手がらは職員のもので、失敗は校長が責任を取る〟それくらいの意識は、常に持っておかなくてはなりません。

上手くいったときは、その担当者を大いに褒め、上手くいかなかったときは、自分のやり方を反省するという校長の振る舞いは、職員をやる気にさせ、チームで目標に向かって、進んでいこうという意欲を生みます。それが校長の仕事です。

私の信頼する先輩校長から、次の言葉を聞いたことがあります。

「校長は、辞表を出す覚悟さえあれば務まる仕事である」と。これを聞いて、なるほどその通りだ！　と思いました。

この信念があれば、怖いものはありません。校長は孤独です。最終的には、一人で決断するのです。ついつい弱気になりがちです。でも、そんな自分に負けてはいけません。とにかく自分自身に打ち勝つ強い心を持たなくてはならないのです。そのためにも先の先輩校長の言葉は、私に勇気を

与えてくれました。これくらいの覚悟がないと、校長は務まらないのです。

2 合言葉は、「お・い・あ・く・ま」

私が赤穂市で仕えた3人目の校長が、学校通信に次の言葉を書いていました。

『合言葉は、「お・い・あ・く・ま」』。

素敵な言葉だなと思って、以後私の座右の銘にしています。「お・い・あ・く・ま」とは、次のことを意味しています。この合言葉は、いつも自分自身に言い聞かせています。

『お…怒るな』
『い…威張るな』
『あ…焦るな』
『く…腐るな』
『ま…負けるな』

校長は、感情を出して怒ったら、おしまいだと思っています。引くに引けなくなってしまうからです。その嫌なイメージは、おそらくずっと付いて回ります。払拭することはできません。その時点で、もう誰も心を割って話をしてくれません。校長が怒るということは、それくらいのリスクの高いことだと思っています。

もちろん腹の立つこともあります。でも、その感情をコントロールできないとダメなのです。おそらく私は管理職になってからの9年間、職員に対しても、児童生徒に対しても、注意をすることはあっても感情的に怒ったことは一度もありません。

もちろん威張ることもよくありません。威張る校長に対して、誰が信頼を寄せるでしょうか。言っておきますが、「校長」という肩書があるから、周りが持ち上げてくれるのです。

3月31日に退職して、「校長」の肩書が取れる4月1日から、ただの暇そうな地域の〝おじいちゃん〟にしか過ぎません。校長のときに威張り散らしていたその人物に対して、もう誰も見向きもしません。

そのような意識があれば、威張るということが、どれくらい愚かな行為かということがわかります。いつも謙虚さは忘れてはいけません。

それから成果を焦る必要はありません。当然うまくいかないことも多いでしょう。でも腐る必要はありません。そもそも教育というのは手品ではありません。

成果が出るまでには時間もかかるし、手間もかかります。たとえ成果が出なかったとしても、一生懸命やっている姿は、必ず誰かが見てくれているものです。そして、いつかは評価してくれます。そう信じて地道に頑張ることが必要です。

これまでの私がそうでした。以前には、「何で、俺を見てくれないの？」と、他人を羨むこともありました。でも今は、たくさんの人に支えられ、応援していただき、ここまで来ることができたと思っています。感謝しかありません。

今、うまくいかないことがあっても、決して腐らないことです。そしていつかは！　という思いで、コツコツと努力を続けることです。必ず、見てくれている人はいるものです。

最後に負けるなということです。管理職を続けていると、当然、悩みも多いです。保護者や地域の批判もあることでしょう。職員ともうまくいかないこともあるかもしれません。

でも、うまくいかないことから逃げてはいけません。管理職になる決意をした段階で、それくらいの覚悟は必要です。歯を食いしばって頑張ることも大切です。我慢強いということは管理職の条件なのです。

私は、校長室の机の前に、上の写真のメッセージを置いています。そして朝、登校したら、必ず、心

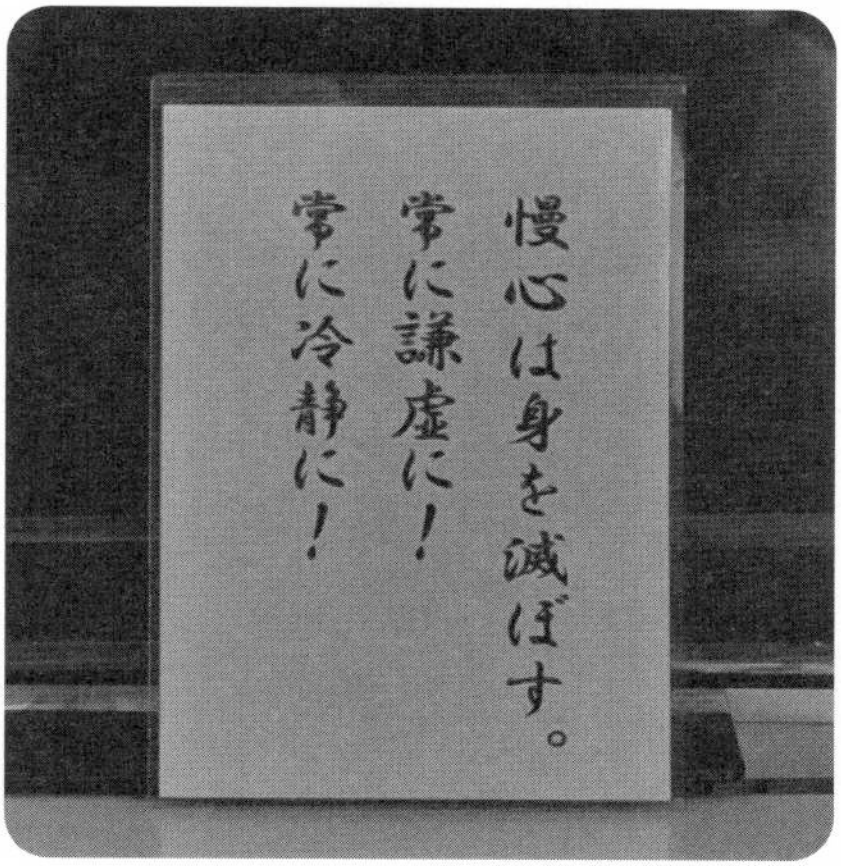

いつも心を落ち着けて…

の中でこれを読み上げて勤務を開始することにしています。これを読むと、不思議と心が落ち着くのです。

影武者としての校長は、このようなマインドでいることが大切なのです。

3 教師を育てるのは校長の仕事
―安全策も必要だが、危険を冒して、かけてみることも必要―

校長として、一番頭を悩ませるのは、校務分掌です。適材適所も大切ですが、それだけでは駄目です。リスクを冒してでも、職員を育てるのが校長の仕事です。

野村克也氏は、著書『リーダー論』(だいわ文庫　pp.32〜33)の中で次のように書かれています。

〝これは〟と思った人材を抜擢し、信頼して思い切って仕事をさせ、ある程度結果が出るまで待つこと。言い換えれば、近い将来の大きな成果のために、目先の不利益に目をつぶる覚悟を持てることは、リーダーには絶対に欠かせない条件なのである。

若手教師は、学級担任を望むものが多いです(ただ、不思議なことに年齢と共に、望まなくなる傾向もあるのも事実です)。そんな若手には、できるだけ可能な範囲で、担任を経験させたいと思っています。

本校もここ数年、次々と新任教師が着任しています。校内事情もあり、希望通りにはいきませんが、新任教師には、3年目までには担任を任せるようにしてきました。

担任をすると、学級事務は増えるし、クレームもあります。でも担任して初めて教師と言えるとも思っています。

私は、若かりし頃に見た水谷豊主演の「熱中時代」という教師ドラマを見て、教師になりたいと思いました。色々な課題を乗り越えながら一人前の教師になっていく北野広大先生に大いにあこがれたものです。

教師は、子どもたちや保護者に揉まれながら、色々な課題を乗り越え、成長していくのです。そんな経験をできるだけ早いうちに、体験させたいと思っています。

もちろん任せるだけではなく、いつも気にかけ、見守ることも必要です。頻繁に授業を見に行く機会も設けます。そして授業後には、簡単なアドバイスを与えます。じっくりと見ることも大切ですが、このようなライトな感覚での授業指導が有効と考えています。質より量が大切なのです。

さらにミドルリーダーを育てることも校長の仕事です。

ミドルリーダーを育てるときも、基本的には若手教師と同じです。それ相応の校務分掌を割り当てていきます。後は、成果を認め、誉めることを続けます。時に、できていない場合などは、一緒に考え抜く姿勢も大切です。

ミドルリーダーががっちり学校を支えると、学校は安定します。ミドルリーダーの在り方次第で学校は変わると言ってよいでしょう。

ただし、全員がスーパースターでは駄目です。以前、あるプロ野球のチームが各チームの4番級を集めた補強をしたことがありますが、チームはうまく回りませんでした。色々な個性と実力が調和してこそ、すばらしい職員集団ができ上がるのです。

4　校長がいるだけで、雰囲気が変わるムードをつくりだすこと

校長室にいると、時折、職員室から楽しそうな笑い声が聞こえてきます。何ともいい感じです。そんなとき、私はあえて職員室に行かないようにしていました。

というのも、私がいると、少し構える雰囲気ができてしまい、せっかくの楽しい雰囲気が途絶えてしまうような気になるからです。

もちろん、そんなことはないのかもしれません。私もその楽しい会話に入っていくこともあります。自分でそのように思い込んでいるだけかもしれません。

ただ、私はそれでいいと思っていました。いてもいなくても同じというのであれば、逆に校長としての立ち振る舞いを考えた方がいいでしょう。少なくとも、校長の前では、職員が発言内容を意

識するぐらいでいいのです。それぐらいのオーラは必要です。

威厳というものは、恐怖感だけから生まれるものではありません。しっかりとしたビジョンと信念、自信を持って進んでいく熱いハート、そして責任はすべて自分が負うという覚悟、それらが職員に伝われば、威厳は自然と生まれるものなのだと思っています。

少なくとも校長はそこにいるだけで、周囲に「やらなければならない」と感じさせるムードが必要なのです。

5　職員・児童生徒に、いいチーム、いい学校だと思わせる

児童生徒や職員には、常々、この学校は、いい学校。この職員チームは、いいチームだということを、具体的な事実をもとに語りかけます。

例えば、参観日やオープンスクールの後で、好意的な感想が届いたときは、次のようにさりげなく職員に紹介します。

以下、職員室通信『校長室の窓から』（令和3年度1月11日　No.54）から抜粋します。

自分のことを誰も見てくれない！　なんて思って落ち込むときがありますが、この世の中、見ている人は、しっかりと見てくれているものです。心配することはありません。目の前の仕事に、精一杯打ち込むことです。

オープンスクールの感想に次のようなものがありました。見ている人は、見ているものです。

・パソコンを使って、すぐに資料の用意ができるのは素晴らしい。生徒の意見を引き出しながら、授業を進められていて、こんな授業であれば楽しく受けられると思った。
（国語の授業への感想）
・学校行事の様子が廊下にあった。火災訓練の様子では、ふと思い出せてよいと思う。
（廊下掲示への感想）
・美しい環境で勉強させていただき、ありがとうございます。（学校環境への感想）
・男女仲良くしているのが微笑ましい。（学級経営への感想）
・コロナ対応もきちんとできていてよかった。（学校経営への感想）

体育祭などの地域行事も同じです。後で届いた好意的な感想を、さりげなく取り上げます。以下は、『学校通信　上津ヶ丘』（令和4年度10月増刊号）からの抜粋です。

体育祭に来られていたご来賓のお一人に、その後お会いする機会がありました。そのとき、「体育祭を見せていただいて、上津の先生方は、全員が一つとなって、結束していますね。すばらしいです！」というお言葉をいただきました。

職員の輪が乱れていると、生徒たちによい教育はできません。このお言葉は、私にとって、すごく嬉しいものでした。


このように〝上津中は、いい学校である〟ということを繰り返し繰り返し伝えることで、脳に刻み込ませるのです。このことを続けていると、児童生徒や職員に自然と愛校心が芽生え、前向きな姿勢が生まれてきます。

6　職員をやる気にさせることが大切

不平不満が、職員室の中で出るようでは絶対にうまくいきません。一度、そのような雰囲気が職員室の中にできてしまうと、とたんに校長の権威は地に落ちます。派閥ができ、職員集団の結束力がなくなってしまいます。そうなると、誰もついてきません。

とにかく職員は、やる気にさせることが大切です。そのための2つのポイントを示します。

（1）根回し戦略をうまく使う

会議などで、校長としての自分の思いを通したいときもあります。そのときは、事前の根回しをしておきます。

その事案で中心となる職員を呼び、自分の戦略を事前に伝え、意図を説明しておきます。よほどのことがない限り、校長から直接相談を受けて、否定する人はいません。会議での紛糾を避けるための手です。

常に、先手先手が大切です。タイミングを見逃して、後から手を打っても後の祭りです。

この方法は、作戦の失敗を防ぐ校長としての戦略でもあります。この戦略を取ることで、気持ちよく会議が進み、職員をやる気にさせることができます。

（2）誉めながら叱る

当然、日々の生活の中で、職員を注意しなければならないこともあります。そんなときも、まずは頑張っていることなどを誉めながら話題に入っていきます。そのとき、取ってつけたような誉め言葉ではダメです。しっかりとした事実を持って誉めるのです。そして、その後に気になることをさりげなく、しっかりと伝えていくようにします。

このとき、気をつけなければならないことがあります。それは、相手にとって耳の痛い話をするときは、真剣に伝えないといけないということです。「あなたのことを思って言っているんだ」という気持ちが届くように心から伝えるのです。特にミドルリーダー級に注意を与えるときは、それが必要です。真剣に伝えなければ、相手も素直に心を開きません。

さらに、注意をするときは、相手によって、好き嫌いを態度に出してはいけません。奮闘記3にも書いたように、平等であることが何よりも大切なのです。

時に、人によって態度を変える校長がいます。見ていてこれが一番みすぼらしいです。だいたいが立場の弱い人に偉そうにふるまい、影響力のある人には何も言えないのです。人間としての品の低さが如実に表れており、見るに堪えない思いです。

7　教頭とは心から信頼し合うこと

教頭を職員の前で叱り飛ばす校長がいるらしいです。そんなことがあっては、絶対にいけません。そのことに何の意味があるのかと思います。校長に叱られて、やる気を出す教頭はいません。横で聞いている職員もいい気はしません。すべてにおいて効果のない「0点」の行為だと言えます。

私は教頭のとき、5年間で4人の校長に仕えましたが、すべての校長から大切に扱っていただきました。今考えても感謝の気持ちでいっぱいです。

そのため、４人の校長に恥をかかせてはいけない！ と、存分に教頭としての仕事をさせていただきました。教頭には、そのように思わせなければなりません。自分を大切にしてくれる人には、その恩を返そうとするのが人間というものです。

校長は孤独です。その孤独感を埋めてくれるのは教頭です。何かあれば即座に意見を聞くのが教頭になります。しっかりと信頼関係を築かなくてはなりません。

私は、校長を勤めた4年間で3人の教頭と仕事をしましたが、その3人の教頭は、すべて全力で私を支えてくれました。今考えても恵まれた4年間でした。

ところで、言うまでもなく、校長は学校に一人です。我が身を振り返ろうにも、比較の対象がないため、なかなか反省することが難しいところです。

自分のやっていることは、職員にどのように映っているのであろうか、これでいいのであろうかと不安は募ります。

そういった思いもあって、中学校に勤務して、右往左往しながら1年を終えた後、当時の教頭を呼んで、私のことを率直に評価してもらうことにしました。方法は、教頭が私を見て、「こんなところはよいところだ」という点と、「これはよくない」と思う点を紙にまとめてほしいというものです。

そうして出されたのが222ページのものです。

もちろん、お世辞がかなり混じっています。でも正直、嬉しかったです。ああ、このように思ってくれているんだなと安心しました。結局、悪いところは出さずに教頭は転勤していきました。

このように校長と教頭とは、しっかりとした信頼関係を結ばなければなりません。そうすれば、影武者としての校長は、自信を持って指揮が取れるのです。

<古川校長の校長として良いと思うところ>

・常に先を見通し、早め早めに対策を練られていること（生徒の安全を優先して）

・長期プランと短期プランを用意し、緻密な計画案や戦略を持たれていること

・ベテラン、若手教員、分け隔てなく平等に接し、タイムリーな声かけや労いの言葉がけをされていること

・相談や報告をしやすい雰囲気づくり（姿勢や態度）を心がけていること　※私は特にそう感じます

・一方的に自分の考えや方針を押し出すのではなく、相手の思いや考えを聞く姿勢を持つことで、信頼関係と適度な距離感を保とうとされていること

・職員に対して、言いにくいことや指導すべきことを、関係を壊すことなく、絶妙な言い方・ニュアンスで伝えることができること

・授業実践や指導技術、学級経営や子ども理解に関する引き出しを数多く持たれており、それを惜しみなく、職員に伝えていること（私に対する教頭経験者としてのアドバイスもそうです）

・適度に愚痴を言ったり、弱音を吐いたりしながらも、「熱いハート」に火をつけて自らを鼓舞して、リーダーシップを発揮し、冷静な判断をされること

・日々、各学年の授業を参観したり、積極的に生徒に関わられたりして、生徒や教員の実態・様子を把握しようとしていること

・「校長室の窓から」「上津ヶ丘」等、周知したいことを口頭連絡で済まさずに、文章化し職員や保護者に発信していること

・町内４中学校や町教委との連携や調整を積極的に行い、「和」を大切にされていること

・保護者、学校評議員、自治会長等、積極的にコミュニケーションをとられ、電話連絡だけでなく、出向いて面会し、信頼関係を築こうとされていること

<もう少しこうすればと良いと思うところ>
⇒ 現時点で、すぐに思うところはありませんでしたので、もう少し時間をください

COLUMN 10

作戦基地としての校長室

中学校校長として3年間、指揮をとらせていただきました。校長室も自分なりに過ごしやすいように色々と装いを変えてきました。

教職最後の3年間、ここで過ごした思い出は忘れられません。嬉しかったことも、辛かったことも、この空間が私の心を和ませてくれました。私にとって、校長室は、心落ち着く作戦基地でした。

ここでコロナに対する戦略を色々と考えたものです。職員や生徒たちと、たくさん話をしたことも忘れられません。職員や生徒たちの何人かが、ここで涙を流すこともありました。私にとって、懐かしい青春の日々を感じることのできる場所でした。

思い出の空間を、改めて最後に、次の頁に残しておきたいと思います。

思い出の校長室

おわりに　―さようなら、すばらしき教師人生―

本書、奮闘記3で着任早々の職員会議でのファーストメッセージを掲載しました。

それから3年、『職員室通信　校長室の窓から』も丁度100号に到達し、それが最終号となりました。私の校長としての職員へのラストメッセージです。

これまで37年間の思いの詰まったメッセージです。私を支えてくれた職員には、ただただ感謝の気持ちで一杯です。万感の思いを込めて、最終号をしたためました。

最後にこれを掲載し、本書を閉じたいと思います。

この本が、管理職を目指そうしている方、管理職としての在り方に迷いがある方、管理職を目指すか迷っておられる方の大きな勇気になれば幸いです。ご愛読に心からお礼を申し上げます。


職員室通信『校長室の窓から』（令和4年度　3月28日　No.100）

『100号完結！　完全燃焼！　幸せな幸せな37年間でした』

私が上津中に着任してから発行を始めた職員室通信「校長室の窓から」が、100号に到達しました。と同時に、とうとう終わりのときが来てしまいました。

教師人生がスタートしたとき、まさか終わりが来るなんて、夢にも思いませんでした。でも、月日は巡るものなんですね。

今、自分自身の教師人生を振り返って、悔いは一つもありません。幸せな幸せな37年間でした。やりたいこと、すべてやらせていただきました。完全燃焼です。

小学校教諭時代は、28年間の間に1年生3回、2年生6回、3年生1回、4年生2回、5年生5回、6年生5回、特別支援学級2回、専科など担任外3回を担当させていただきました。さらに皆さんから推薦していただいて兵教組佐用支部書記長も2年間（1年は専従）させていただきました。

教頭としての出だしは赤穂市でした。最小規模の原小と最大規模の尾崎小で3年間勤務する機会をいただきました。見知らぬ土地で大変ではありましたが、最後は別れがつらいほどの仲間に恵まれました。そして佐用に戻ってからは、初任で7年間勤めた三河小に、再びご縁をいただき2年間の教頭勤務をさせていただきました。

その後、その三河小学校で、そのまま校長に昇進させていただき、初任で勤めた学校を校長で閉めるという、おそらく他の誰もができないような貴重な体験をさせていただきました。

そして最後3年間は今まで勤めたことのない中学校で校長をさせていただき、小・中学校で校長を務めるという、これもまた誰もができないような貴重な体験をさせていただきました。

赤穂勤務といい、中学校勤務といい、つくづく私は試される人生だなと、自分で自分のことを苦笑いしたときもありました。

最後の上津中学校は、さすがに初めての中学校ということで、当初は戸惑いました。でも、今は素敵な素敵な3年間を過ごさせていただいたと、このご縁に感謝しています。

着任するや否や、いきなり2カ月の休業措置が取られ、波乱の幕開けでした。その嫌な幕開けを引きずるかのように、夏休み明けには西播磨で初めての感染者が本校の生徒から出るという最悪の事態が生じ、激震が走りました。正直、責任を取って辞めることも考えたほどです。

そんな中、学校に残された職員で、リスクを最小限にくいとどめながら、必死でその苦境を乗り越えたことは、今となっては懐かしい思い出です。

2年目も、コロナは収まらず、体育祭も無観客というような状況でした。そんな中ではありましたが、無事に兵庫県道徳教育実践研究事業研究発表会をみんなでやり遂げたことも大きな思い出です。

最終年度となった令和4年度も、コロナの状況は、結局最後まで変わりませんでした。そんな3年間でしたが、このコロナ禍の中で、3年間指揮を執り、修学旅行2泊3日を3年間やり遂げたこと、体育祭、音楽発表会など、絶対にやめたくない行事を、工夫しながらやり終えたことなど、今となっては、本当に充実した3年間でした。

この3年間、私は本校の生徒たちのことが嫌になったことは一度もありませんでした。可愛くて、素直で、真面目で、誠実で、素敵な素敵な生徒たちに恵まれました。生徒たちからたくさんの思い出をもらいました。

校長室に話をしに来た生徒が、普段見せないような笑顔で談笑する姿は、本当に可愛かったです。そして、月に一度の全校集会は、色々な思い出があり、自分自身、本当に楽しみな時間でした。熱いハートをベースに、いつも生徒たちが元気になるようなことを考えていたように思います。最後には「熱いハート隊」も結成することができ、感無量です。

最後になりましたが、一緒に勤めさせていただいた皆様には本当に感謝しています。3年間、素晴らしい仲間と勤めさせていただきました。頼りない私に信頼を寄せて下さり、たくさんの思い出をつくって下さり、皆さんのおかげで、私はすばらしい教職人生の最後を迎えることができました。

皆さん、お一人お一人に思い出があり、ゆっくり語れたらいいのですが、今はその時間はありません。でも心から感謝しています。本当に本当に感謝しています。

ただ、たった一つ、残念な思いとして心に残るのは…、それは○○先生とのお別れでした。

どうか、皆様、教師という仕事を大切にしてくださいね。常々言い続けてきましたが、生徒の未来に関わることのできるこの仕事は、本当にすばらしい仕事です。

もちろんつらいことも多いです。でも、それが仕事というものです。歯を食いしばって頑張っていることも、最後には、素敵な思い出に変わっているものです。

ただ、それには健康な体が必要です。くれぐれも無理はしないようにしてくださいね。

3年間、本当にこんな私を支えて下さってありがとうございました。

誠に意は尽くしませんが、心からお礼を申し上げ、お別れと感謝の言葉とさせていただきます。


3月、お別れにあたり、それぞれの学年がメッセージを届けてくれました。

1年生

2年生

3年生

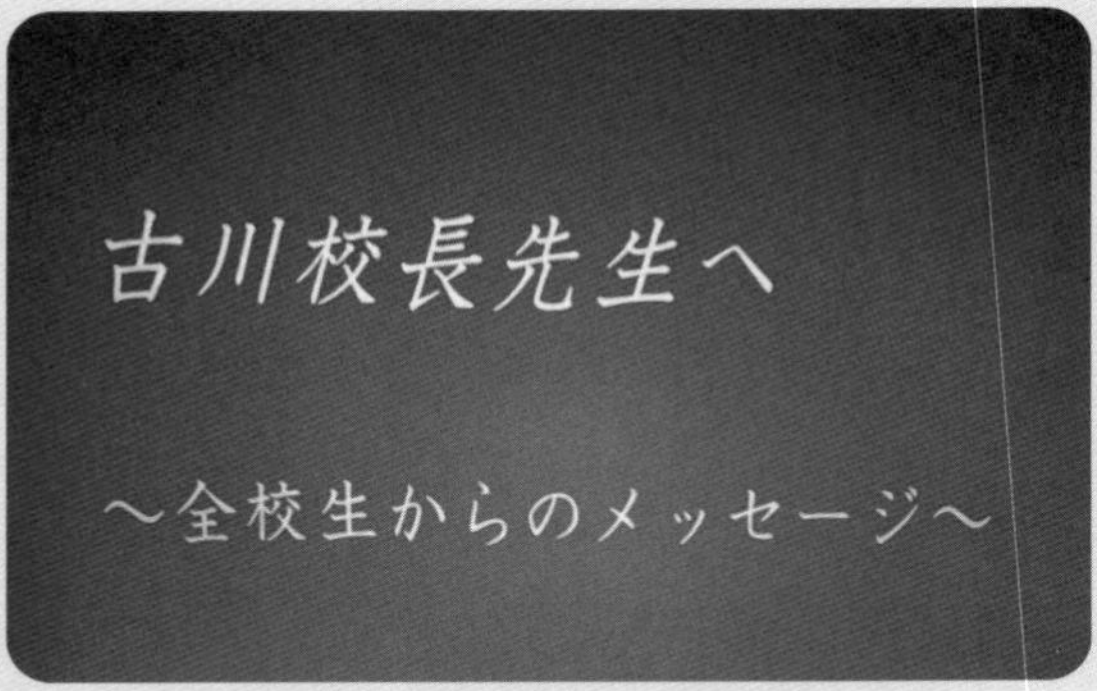

離任式では、全生徒からのメッセージを収めたビデオのプレゼントがあり、感極まりました。

プロフィール

古川　光弘（ふるかわ　みつひろ）

昭和37年6月8日兵庫県生まれ

神戸大学教育学部初等教育学科卒業

兵庫県佐用町立三河小学校校長及び佐用町立上津中学校校長を経て、

令和5年3月末で定年退職

令和5年4月から佐用郡佐用町教育委員会指導主事 兼 佐用町教育研究所所長

サークルやまびこ所属

（メール） furu1962@meg.winknet.ne.jp

学級担任時代は、『子どもの心をどうつかむか』を生涯のテーマとし、日々の実践にあたる。

これまでの教室実践の足跡は、500本に及ぶ雑誌論文や著書・共著などにまとめ発表している。セミナー・講座・校内研講師も300回を数え、現在も日本各地を訪れている。

管理職時代の実践については、本書に収めた通りである。

【著書】

『子どもの心をどうつかむか』（1997年）

『1年生の授業・10分間パーツ教材で集中力を高める』（2003年）

『6年生の学級経営・絶対成功する年間戦略』（2006年）

『学級づくり成功の原則　魔法のアイデア50選』（2013年）

以上、明治図書出版

『「古川流」戦略的学級経営　学級ワンダーランド計画』（2016年）

『クイズで実感！　学級づくり・授業づくり〝50の極意〟』（2018年）

『忙しい先生方が無理なく取り組める授業のアイディア30』（2018年）

『有田和正に学ぶ発問・授業づくり』（2022年）

『有田和正に学ぶユーモアのある学級づくり』（2022年）

以上、黎明書房

カスタマーレビュー募集

本書をお読みになった感想を下記サイトにお寄せ下さい。レビューいただいた方には特典がございます。

https://www.toyokan.co.jp/products/5100

スクールリーダーにとって大切な10のこと
崖っぷち校長奮闘記

2023（令和5）年12月15日　初版第1刷発行

著　　　者：古川光弘
発　行　者：錦織圭之介
発　行　所：株式会社　東洋館出版社
〒101-0054　東京都千代田区神田錦町2-9-1
コンフォール安田ビル2階
代表　TEL：03-6778-4343　FAX：03-5281-8091
営業部　TEL：03-6778-7278　FAX：03-5281-8092
振替　00180-7-96823
URL　https://www.toyokan.co.jp

装丁デザイン：國枝達也
本文デザイン：株式会社ダイヤモンド・グラフィック社
組版・印刷・製本：株式会社ダイヤモンド・グラフィック社

ISBN978-4-491-05100-0

Printed in Japan